民宿特色对顾客
再宿意愿影响研究

董琳　著

吉林大学出版社

·长春·

图书在版编目（ＣＩＰ）数据

民宿特色对顾客再宿意愿影响研究 / 董琳著 . -- 长春 : 吉林大学出版社，2023.11

ISBN 978-7-5768-2748-4

Ⅰ．①民… Ⅱ．①董… Ⅲ．①旅馆－商业心理学－研究－中国 Ⅳ．① F726.92 ② F713.55

中国国家版本馆 CIP 数据核字（2023）第 238791 号

书　　名　民宿特色对顾客再宿意愿影响研究
　　　　　　MINSU TESE DUI GUKE ZAISU YIYUAN YINGXIANG YANJIU

作　　者　董琳
策划编辑　杨占星
责任编辑　陈曦
责任校对　赵莹
装帧设计　皓月
出版发行　吉林大学出版社
社　　址　长春市人民大街 4059 号
邮政编码　130021
发行电话　0431-89580028/29/21
网　　址　http://www.jlup.com.cn
电子邮箱　jldxcbs@sina.com
印　　刷　廊坊市海涛印刷有限公司
开　　本　787mm×1092mm　1/16
印　　张　12
字　　数　210 千字
版　　次　2023 年 11 月　第 1 版
印　　次　2024 年 9 月　第 1 次
书　　号　ISBN 978-7-5768-2748-4
定　　价　68.00 元

民宿是一种伴随丰富且具有特色的旅游资源而衍生的住宿产品，主要分布在热门旅游目的地。体验经济和休闲旅游时代的到来带动了民宿业持续升温。但是，民宿是发展中的新生事物，部分民宿经营者缺乏对特色民宿的认识，对其特色性、文化性和异质性解读不够透彻，对民宿品牌主题挖掘深度不足，缺乏专业的民宿管理知识和经营管理能力，直接影响民宿经营质量，导致旅游者体验感不佳。旅游者对民宿的内在需求在于民宿代表的特色化、异质化，亦是民宿与传统酒店的本质区别。旅游者选择民宿的动因来自民宿的特色主题、民宿呈现的特色符号、民宿住宿中体验到的特色活动等，通过一系列的体验感知形成对民宿特色和地域文化的认知，进而形成对民宿的良好口碑及再宿意愿。鉴于此，本书认为特色是民宿的灵魂，民宿经营者要以旅游者住宿体验需求为中心，着重彰显民宿的特色，认识旅游者对民宿再宿意愿的形成规律。

那么，在旅游情境下，旅游者对民宿的再宿意愿是如何生成的呢？符号理论、体验理论、期望理论等观点认为特色体验是再宿意愿生成的重要来源。民宿的核心是特色，旅游者从不同角度体验民宿特色。这些特色有哪些类型？民宿特色如何测量？不同类型的民宿特色对旅游者再宿意愿会产生什么样的影响？鉴于此，本书采用定量与定性、理论与实证相结合的方法，以有特色民宿住宿经验的游客作为调研对象，以民宿特色与顾客再宿意愿的关系为核心，对以下内容进行探讨：①对研究变量的内涵与维度进行界定；②对研究量表进行开发和设计；③考查民宿特色对顾客再宿意愿的直接影响；④探究民宿特色对顾客再宿意愿的深层作用机制；⑤提出顾客再宿意愿提升的策略。

本书以旅游者对民宿特色的体验为中心，探究民宿特色对顾客再宿意愿的影响机制。首先，基于民宿特色的理论研究较少，缺乏直接科学的研究结果，特色是民宿发展的核心，住宿体验对民宿发展的影响等理论与现实背景，聚焦本书的核心指向和中心问题；其次，对国内外民宿特色、住宿体验、再宿意愿等相关文献进行回顾、梳理和评述，并归纳总结与研究相关的基础理论即符号理论、期望理论、体验理论等；再次，采用扎根理论质性方法、网络文本分析方法进行数据编码，探索性地阐述变量的内涵和维度，基于此提出相应的研究假设和概念模型；从次，对量表进行开发和设计，形成正式问卷，采用问卷调查法、数理统计方法和结构方程模型对数据进行收集和处理，并实证检验关系模型和研究假设；最后，提出民宿顾客再宿意愿提升的策略，并归纳总结本书的研究结论、研究局限和研究展望，进行系统性的分析后，得出以下结论。

第一，民宿特色的三个维度，即主题的特色、符号的特色、活动的特色对住宿体验有不同的影响。民宿特色对住宿体验的三个维度，即新颖体验、舒适体验和愉悦体验都有着正向影响，且都通过了显著性水平检验。但是，主题的特色对愉悦体验的影响程度不及对新颖体验和舒适体验的影响，原因在于民宿的特征差异较大，而愉悦体验更多涉及情绪情感层次，对其的唤起过程更为复杂和缓慢，所以主题的特色的提升不会瞬间大幅度提升消费者的愉悦体验。

第二，住宿体验的差异对顾客再宿意愿产生不同影响。本书通过中介效应分析检验发现，住宿体验在民宿特色和顾客再宿意愿中具有中介调节效应。研究结果表明，民宿特色对顾客再宿意愿的中介效应不完全通过中介变量（住宿体验）形成影响，民宿特色在部分程度上直接影响顾客再宿意愿。住宿体验的三个维度：舒适体验和愉悦体验对顾客再宿意愿有着正向影响，并且都通过了显著性检验；新颖体验对顾客再宿意愿影响不显著，意味着即使消费者感知的新颖体验很强，之后选择再次入住该民宿的意愿也不会显著提高。本书认为新颖体验的高度满足客观上使得消费者形成了更高的预期，而再宿并不会在新颖体验上有更高的提升，因此消费者并不会因为新颖体验的提升而选择再次入住。还有一个原因为消费者自身特征扮演了调节作用。

第三，游客特征和求新动机对顾客再宿意愿的形成具有显著调节作用。为进一步探讨消费者求新动机在民宿特色对再宿意愿影响机制中的调节作用，本书进行了调节效应分析。在选定的游客性别、年龄、月收入、学历等人口特征信息的情况下，研究结果显示，新颖体验对再宿意愿的作用显著受到了调节变量（求新动机）在不同水平的影响，即当消费者的求新动机处于低水平时，新颖体验在民宿特色与再宿意愿之间的中介作用才显著，当消费者的求新动机处于中高水平时，新颖体验的中介作用不显著，即消费者对民宿特色感知再强，新颖体验再高，中高求新动机的个体也并不一定会在下次选择同样的民宿进行入住；舒适体验对再宿意愿的作用显著受到了调节变量（求新动机）在不同水平的影响，即当求新动机处于中低水平时，舒适体验在民宿特色与再宿意愿之间的中介作用才显著，当消费者的求新动机处于高水平同时，舒适体验的中介作用不显著，即消费者对民宿特色感知再强，舒适体验再高，但高求新动机的个体也并不一定会在下次选择同样的民宿进行入住；愉悦体验对再宿意愿的作用显著受到了调节变量（求新动机）在不同水平的影响，即当求新动机处于中低水平时，愉悦体验在民宿特色与再宿意愿之间的中介作用才显著，当消费者的求新动机处于高水平时，愉悦体验的中介作用不显著，即消费者对民宿特色感知再强，愉悦体验再高，但高求新动机的个体也并不一定会在下次选择同样的民宿入住。

本书的创新之处体现在以下几方面。

第一，将民宿特色作为民宿旅游体验的影响因素，较之以往民宿设计、服务质量、主客互动等衡量指标，民宿特色更能体现民宿发展核心和要义，为民宿的可持续发展提供了新的支撑点。

第二，通过质性研究编制民宿特色量表，一定程度上弥补了民宿特色研究方面的不足。目前旅游学术界对民宿特色研究相对匮乏，科学成熟的研究量表更是缺乏。民宿是当前旅游市场的焦点，故而本书结合民宿旅游情境，以质性研究的方法，对民宿特色进行归纳和维度划分，探索出民宿特色的三个维度并编制测量量表，即主题的特色、符号的特色、活动的特色，通过信度和效度检验，验证该量表科学、有效，对民宿的后续研究具有一定借鉴意义。

第三，从民宿顾客视角剖析民宿特色与再宿意愿的关系，基于相关理论，构建了"民宿特色—住宿体验—再宿意愿"的关系模型，从理论和实证两个层面将民宿特色与民宿旅游者的体验有机结合，揭示了民宿特色对顾客再宿意愿的影响机制。本书指出民宿特色提升顾客的住宿体验，基于住宿体验的满足程度，进而影响顾客的再宿意愿。

第四，考查了求新动机作为调节变量的作用机制，为民宿特色与顾客再宿意愿的关系提供新的分析思路。民宿特色提升顾客再宿意愿的过程中，存在很多其他的影响因素。个体自身因素和外部情境因素均会影响顾客的再宿意愿。因此，本书将求新动机引入理论模型中，探索并验证求新动机对民宿特色与顾客再宿意愿关系的调节机制，为阐述民宿特色对顾客再宿意愿的影响机理提供了新的路径，具有理论价值和意义。

　　本书主要研究贡献在于：本书的理论贡献表现在视角、内容和模型。首先，本书转换了以往以经营者的视角为中心，而以旅游者视角为中心探寻民宿的经营管理。其次，本书对民宿特色、住宿体验、再宿意愿进行深入剖析，阐述其核心概念且开发了相应量表。民宿特色作为重点聚焦对象，本书对其核心概念和测量维度进行深入系统探究，完善了民宿特色理论的相关研究。最后，本书提出了影响旅游者再宿意愿的关于民宿特色的影响因素，构建了具有解释能力的"民宿特色—住宿体验—再宿意愿"的理论模型。

　　本书的实践意义在于：民宿经营者应致力于提高旅游者民宿特色体验，进而提升旅游者的再宿意愿，而不是只关注产品的物理属性。借助本书提出的理论模型，着力民宿特色的彰显，旨在让旅游者与民宿产品和服务的每一次互动都能终生难忘。

董琳

2023 年 12 月

目 录

导　论

第一节　研究背景与问题

一、研究背景

休闲旅游、共享经济的发展带动了民宿业持续升温。民宿是指当地居民对闲置住宅进行改造，结合当地自然资源、人文景观、生态、环境资源及农林渔牧生产活动，为游客提供一个感受个性化生活住宿的场所。

民宿一词起源于日本。中国的民宿首先是从台湾地区发展起来的，祖国大陆地区改革开放以来，特别是伴随共享经济理念的传播，加之乡村旅游、乡村振兴的发展，民宿快速崛起。与传统酒店千篇一律的装修风格和服务标准相比，民宿更受背包游、穷游、自助游等的游客的青睐。近年综艺节目和各媒体大力宣传乡村民宿，国家及地方政府相继推出利好政策鼓励和推进民宿业，带动民宿在一些地区迅猛发展，北京、江浙东部地区、云贵川地区、湘黔桂地区等民宿业逐渐成熟，"民宿热"现象引起了中国旅游业界学者的关注。

（一）需求背景——旅游消费需求

随着消费水平的提高及价值观的转变，人们对住宿的要求逐步向个性化和体验化转变，传统酒店标准化的产品和服务无法满足体验化住宿的需求。与传统住宿业本质的区别是民宿为顾客提供个性化产品和人情味的生活方式，顾客体验由单纯产品体验到情感体验。"有温度的住宿，有灵魂的生活体验"是民宿受到年轻一代旅游者青睐的本质原因。首先，作为非标准住宿业，民宿更能满足旅游者追求体验化、情感化的消费理念，为旅游者提供个性化、多样化的住宿产品；其次，随着爱彼迎（Airbnb）的入驻，小猪、榛果等各平台纷纷试水，其迎合了当下年轻消费者网络、手机预订和评价的消费方式；最后，"白领"一族工作压力大、

1

生活枯燥乏味等问题越来越多，他们需要在休闲时间释放压力、体验新的生活方式。基于此，中高端民宿应运而生。受电视媒体宣传及国家政策扶持，越来越多的旅游者需要能够提供个性化、体验化产品和情感交流、主客互动的民宿，民宿的市场份额不断攀升。

（二）发展背景——民宿特色化的发展阶段

根据移动大数据监测大数据平台 Trustdata 统计[1]，2016—2019 年是民宿业迅猛发展阶段，国内非标准住宿设施急速增长，各预订平台线上交易额大幅增加[2]。宿宿网数据统计，2019 年民宿业销售达 209.4 亿元，携程、美团等平台民宿房源预订达 16.8 万套[3]，短租市场达到空前规模，国内民宿业发展突飞猛进，也逐渐走向更加多元化的产业形态。2013 年国家提出"看得见山，望得见水，记得住乡愁"的理念，为民宿的市场细分和特色发展奠定基础。中国民宿在发展过程中在逐渐特色化、异质化、个性化、高端化，大致经历了三个阶段，如表 0-1 所示。

民宿特色化起步阶段。民宿最初以农家乐、客栈的形态出现，为外来客人提供住宿、餐饮服务，后期增加了客人参与当地农事的体验活动。萌芽初期，客房数量少、服务人员素质差，仅提供简单的住宿和餐饮，无特色主题活动。四川农家乐的典型使得民宿业雏形初步形成。农家乐良好的社会收益受到政府重视以及外来资本的不断涌入，民宿业形态逐渐呈现特点，硬件设施基本完善，市场细分、本地文化等元素开始被加入，随着产权和经营权的分离，经营模式更多元化。

民宿特色化探索阶段。本阶段民宿在国内市场全面铺开，但是质量参差不齐，特色不足。良好的社会收益使得国外资本逐步进驻中国民宿市场，最受欢迎的爱彼迎（Airbnb）使国内民宿不再局限于乡村民宿，加速了城市民宿的发展。随着民宿热潮掀起及国内外市场的竞争，民宿质量有所提高，民宿经营者开始注重本土特色，试图融入人文情怀以提升游客的住宿体验。德清"洋家乐"的开业是民宿特色化走向新高度的标志。

民宿特色化整合转型阶段。2017 年，国家针对乡村旅游包括民宿相继出台了一系列政策和规范，对"非标"民宿提出建设性要求，使民宿业走向品质化、

---

① 中商产业研究院 .2020 中国民宿行业市场规模及未来发展趋势预测（2020-06-29）.[2021-09-12]. https://www.askci.com/news/chanye/20200629/1159371162653.shtml.

② 中商产业研究院 .2020 中国民宿行业市场规模及未来发展趋势预测 [EB/OL]（2020-06-29）[2021-09-12].https://www.askci.com/news/chanye/20200629/1159371162653.shtml.

③ 过聚荣 . 中国旅游民宿发展报告 [M]. 北京：社会科学文献出版社，2019：2-3.

标准化、品牌化。与此同时，各地政府纷纷提出新策略，受政策趋利，民宿产业整体规范化、特色化。该阶段，休闲旅游成为大众旅游的主流，游客追求更高端化、个性化的住宿体验，"在地文化"成为民宿经营的灵魂。例如，湖南的客家文化民宿、德清"洋家乐"的休闲文化民宿、云南的少数民族文化民宿分别从民宿品牌主题、整体形象等体现出不同的文化特色。

表 0-1 中国民宿特色化发展历程

发展阶段	典型现象
2008 年以前	国内民宿起步初期，仅提供简单的住宿、饮食服务
2009—2016 年	民宿数量大幅增加，但质量参差不齐、特色不足
2017 年至今	出台一系列政策和规范，使民宿品牌化、高端化；同时，游客个性化的住宿体验促使民宿走向特色化

资料来源：本书资料汇编

（三）理论背景——民宿理论研究相对滞后且不足

中国民宿业起步较晚，但受资本趋利，民宿业发展迅猛，中国民宿群集中在北京地区，江浙东部地区，福建、广东等东南部地区，安徽、江西等以徽赣文化为特色的地区，云南、贵州、四川等富有民族特色的地区，湘黔桂地区，以及东北、西北地区。国内资源丰富的一些旅游胜地民宿，例如厦门的曾厝垵民宿、浙江的莫干山民宿等在政府的市场调控、行业规范等和企业方面的经营理念、经营模式、产品开发、服务提供等都有充足的经验，但相关理论指导相对匮乏。现有研究多数集中在对民宿的发展历程、发展前景、顾客满意度、民宿营销手段等方面，而对民宿特色及民宿体验感的研究甚少。作为旅游业的新兴业态，民宿最突出的特点即特色，从民宿外在展示的特色符号到民宿经营者与顾客之间的情感互动中体验的"在地文化"都彰显着民宿的灵魂。随着时代的发展，人们生活在高压环境下，减压释压是人们在休闲时间追求的目标，民宿提供的空间和环境以及与顾客的互动，帮助人们情感释放，从而提高顾客住宿体验，增强顾客满意度。从体验感角度来看，特色是民宿经营和发展的关键因素，民宿的外在特色符号及顾客体验到的特色活动等因素直接影响民宿的经营与发展。而现有文献却对民宿特色的研究和探索相对匮乏。

（四）体验背景——民宿缺乏特色，体验质量欠佳

民宿作为新兴业态，为旅游业注入新鲜血液。以"在地文化"为灵魂的民宿，以传递原真性为主导，从民宿符号、品牌主题到民宿活动向旅游者传递当地特色，满足旅游者的文化情怀。但是受媒体宣传及民宿经营者缺乏专业管理知识的影响，不同地区的多数民宿产品出现复制化，从民宿装饰、布局、服务等都相似，难以体现其特色，导致旅游者追求的个性化和地方化需求无法得到满足。旅游者选择民宿的目的在于感受不同文化民宿的个性化、特色化产品和服务，一旦民宿经营者无法提供与之需求相匹配的产品和服务，形成供需失衡，就会影响顾客的体验质量。现有文献表明，顾客的满意度（再宿意愿）与体验感呈正相关（刘春燕等，2014；余意峰，2017）。旅游者对个性化和人情味的需求与民宿特色不能达成共鸣，会影响其体验质量，进而降低满意度甚至再宿意愿，影响民宿长期经营发展。为缩短民宿经营者探索游客体验喜好周期，降低经营成本，本书采用实证研究的方法，从游客体验感出发，寻找影响游客民宿体验及再宿意愿因素，从而给经营者提供一种更具针对性的产品设计思路。

二、研究问题

作为体验型和服务型行业，民宿不仅要为顾客提供能够满足其生理和物质需求的产品和服务，更要满足其精神和情感上的需求。相对于传统酒店，民宿突出的特征即能够提供特色的产品和温暖的服务，与标准住宿业最根本的区别在于民宿提倡特色，民宿经营的特色在于强调在互动中让顾客领略到当地不同的文化及特征，感受到人文情怀，这是民宿比传统酒店更具有市场吸引力的根本原因。由此可见，作为住宿企业，民宿不仅要为顾客提供满足其生理和安全需求的基本设施，更要提供具有特色的氛围和环境，在互动中提供人文关怀和情感交流，才能提高顾客的体验质量，进而增强其再宿意愿，为民宿长期稳定的发展提供保障。为弥补民宿特色、住宿体验与再宿意愿之间关系的理论研究与实证分析的不足，本书提出以下问题：

第一，民宿特色的内涵是什么？民宿特色具体的维度是什么？这些维度该如何测量？目前学术界对此问题的研究甚少，因此研究民宿特色具有必要性。

第二，民宿特色是否能够提升顾客的再宿意愿？本书旨在探讨民宿特色对顾客再宿意愿的直接影响。

第三，民宿特色对顾客再宿意愿的影响机制是什么？本书主要研究并回答：住宿体验在民宿特色和顾客再宿意愿之间发挥着中介作用。

第四，民宿特色对顾客再宿意愿的影响是否受到其他变量的调节？当顾客的求新动机不同时，民宿特色和顾客再宿意愿之间的关系是否会发生变化？本书旨在探讨在何种情境下，民宿特色对顾客再宿意愿的影响会增强。

第五，对于不同的人口特征、出游特征，民宿特色、住宿体验、求新动机、顾客再宿意愿存在怎样的差异？具体而言，本书旨在探讨性别、年龄、收入、学历、职业等人口统计特征和入住次数、入住形式、入住动机、价格区间等入住方式对民宿特色、住宿体验、求新动机、顾客再宿意愿的影响，厘清这些变量之间的关系，对探索民宿顾客再宿意愿的提升路径很有裨益，具有研究意义。

在民宿快速扩张的背景下，民宿的经营理念依旧停留在以民宿经营者为主导的阶段，缺乏对民宿特色的打造以及旅游者民宿特色体验感的关怀。民宿以经营者为主体不关注顾客需求的错位理念，使顾客在住宿过程中难以体验其特色，导致体验质量欠佳。旅游者对民宿选择的目的就是要体验个性化、特色化的产品，感受民宿经营者温暖热情的家庭化服务。但是，民宿经营者缺乏专业的经营理念，使得民宿复制率过高，打造同质化、非原真化的产品，无法满足顾客心理和情感需求。民宿如何配置个性化基础设施，如何以地方文化为载体打造有特色的产品和服务，如何提高顾客的住宿体验和再宿意愿等均为本书所要回答之议题。

第二节　研究目的及意义

一、研究目的

对于前文提出的相关问题，本书基于符号理论、体验理论、期望理论以及相关文献内容，采用网络文本的质性研究方法进行深层次探析，构建理论模型并提出研究假设，运用调查问卷方法，并借助 SPSS、AMOS 统计工具开展实证检验，以期实现研究目的。

第一，全面系统剖析民宿特色。具体包括民宿特色的内涵及其构成维度的探析与研究。民宿承载着对地方特色的情感，脱离地方特色的民宿难以引起旅游者的文化情感共鸣。故深入剖析民宿特色是民宿特色对旅游者体验感研究的基础。

第二，深入探析旅游者的住宿体验。具体包括住宿体验内涵、结构维度及形成的前因后果探析。

第三，开拓性探索民宿顾客再宿意愿的生成机制。具体包括顾客再宿意愿的形成过程、形成动因和生成机制。

第四，实证解析民宿特色对顾客再宿意愿的影响过程。具体包括解析民宿特色、住宿体验与顾客再宿意愿之间的作用关系，解构民宿特色对再宿意愿的影响过程，辨析住宿体验在这一过程中的作用与角色。

第五，分析顾客再宿意愿的提升路径。具体包括如何提高顾客的再宿意愿，如何推进民宿业的可持续发展。

二、研究意义

从理论和实证两个方面入手，本书探讨了民宿特色与顾客再宿意愿的关系及作用机理，并提出民宿顾客再宿意愿提升的建议与策略，具有理论和实践价值和意义。

（一）理论意义

目前，学术界对民宿的研究多聚焦在民宿设计、主客互动等视域，即使有部分学者涉猎民宿特色的探究，但多数都是以定性研究为主，采用定性研究与定量研究相结合的几乎空白。综上所述，在民宿特色领域，学术界存在诸多亟待解决的问题，本书关于民宿特色对顾客住宿体验和顾客再宿意愿的性质和实证分析，在一定程度上弥补了现有研究的不足。

第一，将民宿特色作为自变量引入民宿研究的模型中，拓展了民宿研究的内涵和外延。特色是民宿发展的灵魂与核心，但学术界对民宿特色的研究甚少，即使略有涉猎，也比较零散。在民宿业蓬勃发展的背景下，本书重点探索民宿特色、住宿体验与顾客再宿意愿的内涵、结构维度与表征。以此为基础，实证检验民宿特色对住宿体验和顾客再宿意愿之间的作用关系，解析民宿特色对住宿体验和顾客再宿意愿的影响机理。本书有助于丰富民宿业的理论研究，对我国民宿研究体系、研究内容和理论形成具有拓展性和贡献性意义。

第二，本书基于民宿旅游的情境，以民宿顾客为研究对象，编制了民宿特色、住宿体验的测量量表，为后续研究在一定程度上提供了测量工具。为追求科学、严谨的研究结论，本书对模型中四个相关变量做了大量理论追溯和实证考量，具体而言，主要包括回顾与梳理理论基础、运用网络文本、问卷调查等方式采集原始数据，采用网络文本分析、扎根理论分析进行质性分析，以德尔菲方法和小组讨论的方式对量表进行完善和修订，最后采用信度和效度检验的方式净化量表题项，完善相关量表，为后续相关研究提供了一定程度的参考。

第三，构建了民宿特色、住宿体验、求新动机、顾客再宿意愿变量的理论模型，探索出民宿特色对顾客再宿意愿影响的过程和作用机制，为民宿特色对顾客再宿意愿影响的相关研究提供了一定程度的弥补和完善。梳理相关研究，甚少有学者涉猎民宿特色对再宿意愿影响的深层机制，本书基于符号理论、体验理论、期望理论构建了"民宿特色—住宿体验—再宿意愿"的关系模型，并探讨了求新动机在模型中的调节作用，全面验证符号理论、体验理论、期望理论在旅游研究领域的适用性，在一定程度上拓展了符号理论、体验理论、期望理论的应用边界，因此具有理论价值和意义。

（二）现实意义

结合定性与定量的研究方法，本书获取到有一定价值的结论和观点，对民宿的经营管理及民宿政策的制定具有启示和指导意义。

第一，"为顾客创造快乐"应成为企业追求的服务宗旨。在产品、服务和项目日益同质化的时代，打造自己独特的情感竞争力是企业的主旨。民宿旅游持续增长，住宿体验是民宿的根本，通过了解民宿旅游者的住宿体验，更深层次地了解民宿旅游者这一群体。比如，不同年龄、不同职业、不同受教育程度民宿旅游者的需求差异、民宿旅游者的住宿偏好、消费特征等，从而可以有效地、有针对性地设计民宿产品、服务和项目，以住宿体验的诉求为营销卖点，关注民宿产品品质及住宿体验，针对不同的旅游者设计独特体验的产品和服务，满足不同民宿旅游者的体验需求，提高住宿体验质量。

第二，本书对顾客再宿意愿的行为表现、形成动因研究的结果，在实践层面为民宿经营者提供可行性经营指导，使其以旅游者的需求为导向优化民宿管理，为旅游者提供多元化产品和服务，提高顾客住宿体验，有效改善和提高民宿经营管理水平。

第三节 研究内容与方法

一、研究内容和思路

（一）研究内容

本书围绕民宿特色、住宿体验和顾客再宿意愿的核心变量进行理论和实证研究。通过文献回顾和基础理论解析，对旅游者进行深度访谈，分别对民宿特色、住宿体验和顾客再宿意愿的概念、内涵和结构维度进行探析。在理论研究的基础上，构建民宿特色对顾客再宿意愿影响的关系模型，运用实证研究的方法对其进行验证分析，剖析住宿体验的中介作用及民宿特色对顾客再宿意愿影响机制。提出提高民宿入住率的策略。

1. 进行质性研究，界定研究变量的内涵与维度

本书对国内外相关文献进行回顾和梳理，采用网络文本分析法和扎根理论方法，首先对资料数据进行开放性编码分析，探索性提出初始内涵和范畴，其次进行主轴性编码分析，形成主副范畴，结合本书研究情境，最终提炼出民宿特色、民宿住宿体验的维度，并阐述变量的内涵和概念。

2. 开发和设计研究量表

在对文献梳理分析和质性研究的基础上，对民宿特色、民宿住宿体验、顾客再宿意愿、求新动机形成初始的测量题项，并采用小组讨论法、德菲尔法等修订和完善初始量表；其次进行预调研，以预调研的数据结果为依据，完善和优化初始量表题项，形成大数据量表，并就大样本数据，再次检验量表质量，保证量表的合理性与科学性。

3. 分析民宿特色对顾客再宿意愿的直接影响

本书提出民宿特色的三个维度，即主题的特色、符号的特色和活动的特色。以文献综述的梳理、基础理论的总结、质性研究的分析为基础，本书认为民宿特色能够对顾客再宿意愿产生直接正向影响，提出民宿特色的三个维度对顾客再宿意愿影响的关系假设，采用定量研究方法实证检验该假设。

4．探究民宿特色对顾客再宿意愿影响的深层作用机制

本书全面梳理相关文献，深度剖析基础理论，在此基础上，采用扎根理论方法对资料数据进行编码分析，探析出"民宿特色—住宿体验—再宿意愿"这一研究思路，并以求新动机作为调节变量，构建理论模型框架。进而采用 SPSS25.0和 AMOS24.0 等软件对关系模型进行实证检验和分析，解释民宿特色对顾客再宿意愿的影响机制，并以此为依据提出民宿顾客再宿意愿提升的策略。

5．剖析民宿旅游情境下的游客特征及其影响

借助问卷调查数据对民宿旅游情境下的游客特征进行归纳总结，以民宿游客人口特征统计变量为自变量，以民宿主题的特色、民宿符号的特色、民宿活动的特色、民宿新颖体验、民宿舒适体验、民宿愉悦体验、求新动机为因变量，实证检验民宿游客特征对本书中关键变量的影响作用。

（二）主要思路

本书对民宿特色、住宿体验和顾客再宿意愿三个关键变量进行研究。通过"问题提出—文献回顾与评述—理论探析—实证分析—策略解析"的思路开展研究（见图 0-1）。

1．问题提出。绪论与问题辨析。本书首先对研究背景即需求背景、发展背景、理论背景和体验背景进行分析，将民宿旅游者作为研究对象，重点从民宿特色、住宿体验情绪、顾客再宿意愿角度分析影响民宿业健康发展的因素。

2．文献回顾与评述。文献回顾与理论基础。本书搜集民宿特色、住宿体验和顾客再宿意愿变量的相关文献，进行梳理和讨论，由此提出本书研究的切入点。系统梳理相关基础理论，为本书研究奠定理论基础。

3．理论探析。研究关键变量的内涵与维度分析。收集网络文本资料，探析民宿特色、住宿体验情绪和顾客再宿意愿相关理论，解析民宿特色的内涵和结构维度，剖析住宿体验情绪的内涵、结构维度、行动动因、作用机制等，解析顾客再宿意愿的内涵及形成机理。

4．实证分析。概念模型与实证检验。本书设计调查问卷，围绕民宿特色、住宿体验、再宿意愿三个主要变量展开探析，实证检验三者之间的关系，并深入探究民宿特色对顾客再宿意愿的影响机理。

5．策略解析。研究总结、启示及对策建议。本书提出民宿特色、住宿体验和顾客再宿意愿的内涵和结构维度，在此基础上探析民宿特色对住宿体验情绪和

顾客再宿意愿的影响机理，并支持提升顾客再宿意愿的策略，为民宿业健康长期发展提供理论指导和实践经验。

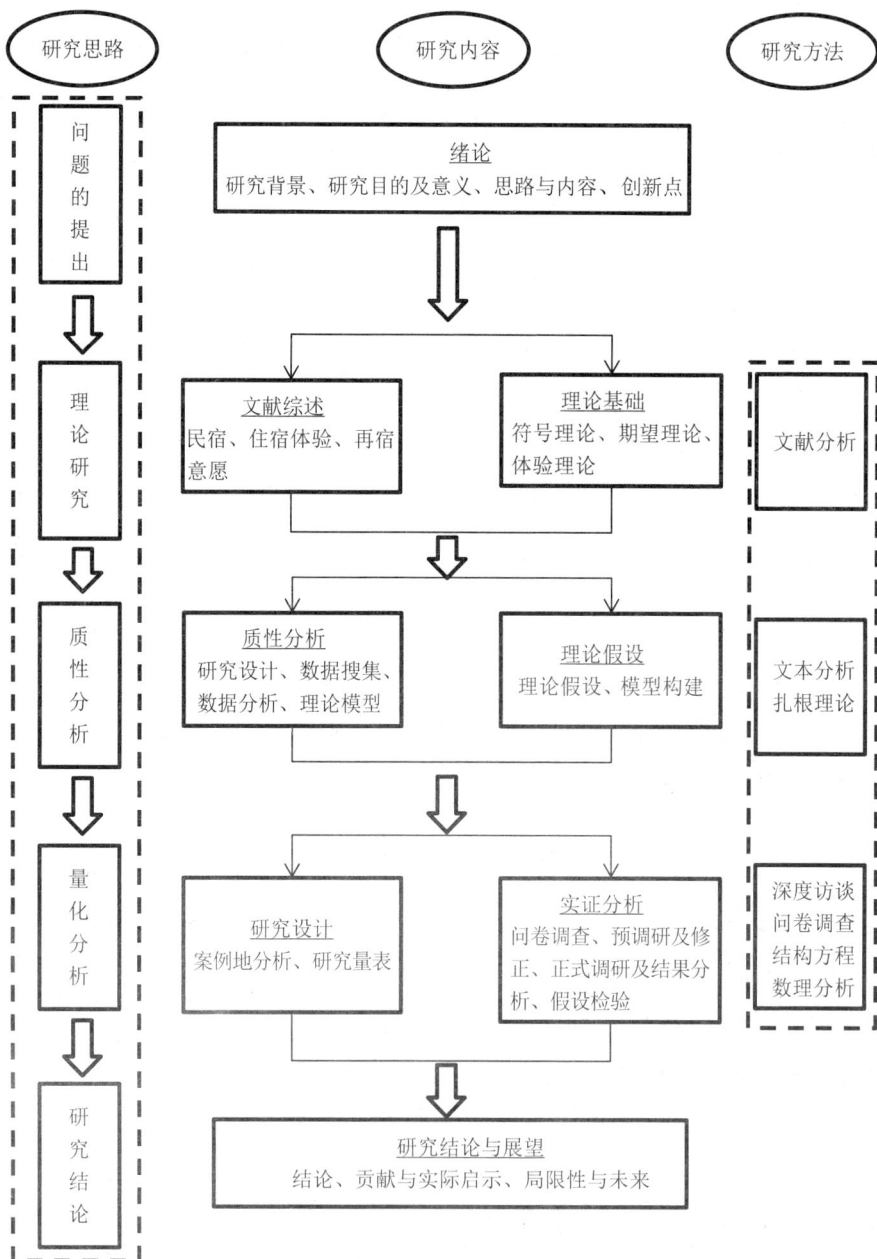

```
研究思路                    研究内容                    研究方法

┌─────────┐
│ 问       │        ┌──────────────────────────────┐
│ 题       │        │            绪论                │
│ 的       │        │ 研究背景、研究目的及意义、思路与内容、创新点 │
│ 提       │        └──────────────────────────────┘
│ 出       │                      ↓
└─────────┘
    ↓
┌─────────┐     ┌────────────┐    ┌────────────┐      ┌──────────┐
│ 理       │     │  文献综述   │    │  理论基础   │      │ 文献分析  │
│ 论       │     │ 民宿、住宿体验、│    │ 符号理论、期望理论、│      └──────────┘
│ 研       │     │ 再宿意愿    │    │ 体验理论    │
│ 究       │     └────────────┘    └────────────┘
└─────────┘                  ↓
    ↓
┌─────────┐     ┌────────────┐    ┌────────────┐      ┌──────────┐
│ 质       │     │  质性分析   │    │  理论假设   │      │ 文本分析  │
│ 性       │     │ 研究设计、数据搜集、│ │ 理论假设、模型构建│      │ 扎根理论  │
│ 分       │     │ 数据分析、理论模型│  └────────────┘      └──────────┘
│ 析       │     └────────────┘
└─────────┘                  ↓
    ↓
┌─────────┐     ┌────────────┐    ┌────────────┐      ┌──────────┐
│ 量       │     │  研究设计   │    │  实证分析   │      │ 深度访谈  │
│ 化       │     │ 案例地分析、研究量表│ │ 问卷调查、预调研及修│    │ 问卷调查  │
│ 分       │     └────────────┘    │ 正、正式调研及结果分│    │ 结构方程  │
│ 析       │                      │ 析、假设检验    │      │ 数理分析  │
└─────────┘                      └────────────┘      └──────────┘
    ↓                            ↓
┌─────────┐     ┌──────────────────────────────┐
│ 研       │     │         研究结论与展望          │
│ 究       │     │ 结论、贡献与实际启示、局限性与未来   │
│ 结       │     └──────────────────────────────┘
│ 论       │
└─────────┘
```

图 0-1　技术路线图

二、研究方法

本书运用定量研究与定性研究相结合、理论分析与实证分析相结合的方法，按照"问题提出—文献回顾与评述—理论探析—实证分析—策略解析"的分析路径，探究民宿特色对顾客再宿意愿的影响机制。具体研究方法包括以下内容。

（一）文献分析法

本书搜集国内外与民宿、民宿特色、旅游体验和再宿意愿相关的文献，并对其进行了梳理与归纳，摸清了相关研究进展及空缺情况，在理论基础上探析民宿特色、住宿体验和顾客再宿意愿的内涵，为本书构建关系模型和提出研究假设打下研究基础。

（二）问卷调查法

针对研究所需，本书选取浙江省德清县莫干山民宿为调查地，编制了民宿特色、住宿体验、再宿意愿、求新动机的测量量表，设计初始量表，并检验信度和效度，对题项修订完善，形成正式问卷。严格遵循问卷调查的要求进行线上和线下的发放，确保数据的科学合理性。

（三）深度访谈法

本书运用被广泛应用的深度访谈法，获取原始数据资料。对调研地多个民宿旅游者和民宿经营者进行直接访谈、记录，确保研究的真实性，为民宿特色、住宿体验和顾客再宿意愿的内涵和结构维度提供数据支撑。

（四）扎根理论法

针对质性研究，扎根理论在国内外学术界得到认可。本书运用扎根理论的方法对网络文本数据展开开放性编码、主轴性编码和选择性编码，提取相关范畴，得到民宿特色和住宿体验变量的维度及相关概念和内涵，基于此，结合文献梳理提出研究假设。

（五）数理统计分析法

本书通过 SPSS 25.0 和 AMOS 24.0 等软件，处理调查问卷相关数据，具体包括信度和效度分析、探索性因子分析、验证性因子分析、多元回归分析和结构方程模型分析等，定量测度民宿特色对顾客再宿意愿影响模型中的变量特征，获取有效的研究结论。

第四节　研究创新点

针对顾客再宿意愿塑造，对民宿体验活动因子进行再提炼和设计，并选取湖州莫干山风景区的几家精品民宿为试验对象，对游客数据进行动态跟踪，持续完善并提炼其规律性以及特色民宿的住宿体验要素，以期对民宿品质化经营有指导效用和借鉴意义。

第一，将民宿特色作为民宿旅游体验的影响因素，较之以往民宿设计、服务质量、主客互动等衡量指标，民宿特色更能体现民宿发展核心和要义，为民宿的可持续发展提供了新的支撑点。

第二，通过质性研究编制民宿特色量表，一定程度上弥补了民宿特色研究方面的不足。目前旅游学术界对民宿特色研究相对匮乏，科学成熟的研究量表更是缺乏。民宿是当前旅游市场的焦点，故而本书结合民宿旅游情境，以质性研究的方法，对民宿特色进行归纳和维度划分，探索出民宿特色的三个维度并编制测量量表，即主题的特色、符号的特色、活动的特色，通过信度和效度检验，验证该量表科学、有效，对民宿的后续研究具有一定借鉴意义。

第三，从民宿顾客视角剖析民宿特色与再宿意愿的关系，基于相关理论，构建了"民宿特色—住宿体验—再宿意愿"的关系模型，从理论和实证两个层面将民宿的特色与民宿旅游者的体验有机结合，揭示了民宿特色对顾客再宿意愿的影响机制。本书指出民宿特色提升顾客的住宿体验，基于住宿体验的满足程度，进而影响顾客的再宿意愿。

第四，考查了求新动机作为调节变量的作用机制，为民宿特色与顾客再宿意愿的关系提供了新的分析思路。民宿特色提升顾客再宿意愿的过程中，存在很多其他的影响因素。个体自身因素和外部情境因素均会影响顾客的再宿意愿。因此，本书将求新动机引入理论模型中，探索并验证求新动机对民宿特色与顾客再宿意愿关系的调节机制，为阐述民宿特色对顾客再宿意愿的影响机理提供了新的路径，具有理论价值和意义。

第五节　小结

本章详细规划研究的整体内容。主要对本书的研究背景与问题、研究目的及意义、研究内容与方法、研究创新点进行了说明。

第一，主要从需求背景、发展背景、理论背景和体验背景四个方面介绍本书背景。

第二，本书提出的问题主要聚焦在以下几个方面：民宿经营者缺乏对民宿特色的关注；民宿经营者对顾客住宿体验的关注不足；民宿经营者忽视对民宿特色与再宿意愿的关联。

第三，本书的研究目的：全面系统剖析民宿特色；深入探析旅游者的住宿体验，具体包括住宿体验内涵、结构维度及形成的前因后果探析；开拓性探索民宿顾客再宿意愿的生成机制；实证解析民宿特色对顾客再宿意愿的影响过程，具体包括如何提高顾客的再宿意愿，如何推进民宿经营的可持续发展。

第四，本文具有理论和现实意义。

理论意义：首先，本书实证检验了民宿特色对住宿体验和顾客再宿意愿之间的作用关系，解析民宿特色对住宿体验和顾客再宿意愿的影响机理，有助于丰富民宿业的理论研究，对我国民宿研究体系、研究内容和理论形成具有拓展性意义和贡献性意义。其次，本书对民宿特色进行深入探究，剖析其理论内涵、分析其结构维度、解析其影响机制、探析其形成动因。这些研究在一定程度上拓宽了民宿特色的研究范畴。

现实意义：住宿体验是民宿的根本，通过了解民宿旅游者的住宿体验，实现更深层次地了解民宿旅游者这一群体。满足不同民宿旅游者的体验需求，提高住宿体验质量。其次本研究对顾客再宿意愿的行为表现、形成动因研究的结果，在实践层面为民宿经营者提供可行性经营，使其以旅游者的需求为导向优化民宿管理，有效改善和提高民宿经营管理水平。

第五，本书主要研究内容：进行质性研究，界定研究变量的内涵与维度；开发和设计研究量表；分析民宿特色对顾客再宿意愿的直接影响；探究民宿特色对顾客再宿意愿影响的深层作用机制；剖析民宿旅游情境下的游客特征及其影响。

第六，本书对民宿特色、住宿体验和顾客再宿意愿三个关键变量进行研究。通过"问题提出—文献回顾与评述—理论探析—实证分析—策略解析"的思路开展研究。

第七，本书的创新之处体现在以下五个方面：①将民宿特色作为民宿旅游体验的影响因素，更能体现特色是民宿发展核心，为民宿的可持续发展提供了新的支撑点；②改变以往以经营者为中心的民宿研究，聚焦民宿旅游者的体验情感，研究以旅游者为核心的旅游体验；③通过质性研究编制民宿特色量表，一定程度上弥补了民宿特色研究方面的不足；④构建了"民宿特色—住宿体验—再宿意愿"的关系模型，将民宿的特色与民宿旅游者的体验有机结合，揭示了民宿特色对顾客再宿意愿的影响机制；⑤考查了求新动机作为调节变量的作用机制，为民宿特色与顾客再宿意愿的关系提供了新的分析思路，具有理论价值和意义。

第一章　文献综述

第一节　民宿文献综述

随着休闲旅游时代的到来，大众化、标准化的旅游产品不能满足旅游者的需求，个性化、异质化、定制化的旅游体验成为最高追求，故而，与之相对应的蓬勃发展的民宿业成为旅游的主要标志之一。旅游者摒弃往日对标准化产品和服务的要求，着力追求特色化、高端化、品质化的住宿标准，这与旅游景点的一致性、排他性和垄断性是相似的。也就是说，旅游体验不再拘泥于简单的具身体验，而是情感体验的一部分。本章将对民宿、民宿住宿体验、再宿意愿以及与之相关的关键词进行阐述和评析，对现有相关文献进行梳理和辨析。

一、民宿的概念

西方学术界对民宿的研究中，学者一般称"民宿"为 B & B（Bed and Breakfast），另有一系列家族性词汇描述民宿含义，如 Family Hotel，Family Inn，House Hotel，House Stay，Guesthouse 等。民宿起源于日本，故日本率先将民宿作为主题进行学术研究，而后美国学术界的民宿研究占据主流。

目前，国内对民宿的定义还没有统一且标准的定义。中国民宿起源于农家乐，在中国知网查询中，民宿自动聚类标签出现"农家乐""乡村客栈""家庭旅游"等关键词。学术界，如胡敏（2007）和黎霞（2010）等对民宿的定义一般借助于台湾地区对民宿的概念阐述。台湾地区"《民宿管理办法》"（2001）将民宿定义为："利用自用住宅房间，结合当地人文、自然景观、生态、环境资源及农林牧渔生产活动，以家庭副业方式经营，提供旅客乡野生活住宿之所。"《旅游民宿基本要求与评价》①（LB/T 065-2017）认为所谓"民宿主人"即"民宿经营者或民宿管理者"（owner and/or investor），并指出：①租赁当地居民房屋经营民宿的主人同样需具备了解在地文化、与当地居民关系融洽等特质；②民宿经营方式多样且自由，可以是业主经营，也可以租赁经营；③民宿经营使用房屋类型可以是自家住宅、租赁房屋或者集体空闲房屋。《浙江民宿蓝皮书2017》指出，基于房屋性质差异，民宿经营方式分为两类：自营和非自营。利用自家空闲房屋经营的称为自营，外来人员或投资机构靠租赁房屋方式经营民宿称为非自营经营。所有关于民宿的概念或定义的界定上具有以下共同点：①多数经营者即房屋拥有者；②提供特色化的产品和服务；③经营规模偏小。

二、民宿的相关研究

中国的民宿，台湾地区最先发展，学术研究也相对丰富，相较而言，大陆研究时间较晚且研究成果相对较少。从研究对象来说，国外对民宿的研究多集中在市场（market）、管理（management）、主客互动（interaction between subject and object）、乡村旅游（rural tourism）等，研究方法亦相对丰富，多采用定量和定性相结合的研究方法、问卷调查、访谈等。Stringer（1981）以澳大利亚为研究地发现民宿主人与顾客之间不再是单纯的生意关系，更存在无清晰界限情感的互动；Hult-man 和 Cederholm（2010）认为民宿的主客互动关系是复杂多变的；Gunasekaranetal 等（2012）研究阐述为了感受家的温暖是顾客选择民宿的最终目的。针对民宿市场需求，Jones 等（2011）研究发现中国香港民宿的主要客源是收入不高但受教育水平较高的内地女性；Chen 等（2013）认为中国台湾民宿的客人同样是收入不高但受良好教育的大陆女性；Kline 等（2005）在研究美国民宿市场时发现旅游者对网络平台兴趣较高，但网络平台需提高其技术水平。关于乡村旅游研究，Kuo 与 Kuo（2012）以中国台湾乡村民宿为研究对象，以民宿旅游者个体特征为研究内容，认为其中收入和受教育水平差异不大。国外学界对民宿研究已经处于相对成熟阶段，大致特点有以下四点：①已形成行业协会组织；②经营中高度关注人性化和个性化；③服务内容呈现多样化；④民俗化、本地化、家庭化。与其成熟发展的状况相匹配的是，民宿研究也相对系统。

---

① 《旅游民宿基本要求与评价》是中华人民共和国旅游行业标准，由中华人民共和国文化和旅游部发布。

搜索查询发现当下国内民宿方面，除上述相关研究词条外，与民宿密切相关的外围词汇还有乡村振兴、全域旅游、休闲旅游、精准扶贫等关键词，基于此，民宿的研究集中在宏观层面，对民宿体验、主客互动等方面的关注相对匮乏。蒋佳倩（2014）以综述的方式研究民宿，发现民宿在我国的发展主要有两个阶段：2006年及以前是民宿发展的初级阶段，学术界多以描述性和解释性的方式呈现，大致包括民宿概念、发展状况、提出的问题、对策和建议以及市场定位、经营模式等内容；2007年至今是民宿突飞猛进阶段，学者试图以定量分析与定性分析相结合的方式开展研究，该阶段研究内容多数从民宿经营策略、民宿的可持续发展、民宿旅游者的体验等角度展开。现有研究有，孙琳、姚小敏、杨佳佳（2022）和李芳、李秋成、郭雅诚、肖朋伟（2022）研究顾客感知对行为意向的影响；卢彦红、朱梦珊、王群（2022）认为乡村旅游是促进农村经济转型升级的重要手段，也是推进城乡一体化进程中不可或缺的一环；周玲强、黄祖辉（2004）、栾坤（2005）详细介绍了民宿由乡村到城市化的渐进过程；李坚、蒋志芬（2018）、李秀霞（2022）对民宿经营进行了分析；宋道义、邢露雨、殷鹏、徐玉梅（2021）阐述了形象视角下民宿营销。鉴于此，现有研究视角多元化，但多是从民宿经营者角度作出的研究，例如民宿发展模式、民宿营销、民宿经营等，甚少涉猎对旅游者角度的研究，缺乏对旅游者旅游体验的关注，而旅游者感知是民宿经营管理的核心。如何驱动旅游者获得更佳的住宿体验，增强其再宿意愿，改善民宿口碑则鲜有研究。既有的研究更注重实践经营，缺少理论层面上的探讨，民宿体验解决了以上问题之后，能够得到更加丰富的理论研究成果。

本书对民宿相关研究进行了梳理和综述。Monty 和 Skidmore（2003）以威斯康星为案例地，运用特征价格模型研究民宿支付意愿行为，分析得出结论为影响顾客支付意愿的因素有民宿的地理位置、民宿住宿的时间段以及空间大小、是否有浴缸和私人浴室等硬件设施。相对而言，民宿周边环境、客房服务等对其影响不显著。Rogerson（2004）在研究南非当地居民时探讨了当地民宿经营中存在的问题，认为从经济上、知识上和技术方面获取信息能够帮助当地民宿经营者提高管理水平。Felix，Broad 和 Griffiths（2008）以澳大利亚民宿为研究对象，探析民宿主人和游客的预期，提出了民宿主人与顾客的共同期待，就是能够为顾客提供当地特色饮食、保证房间私密性等等，游客更多地寻求宁静的环境，亲切的气氛；游客对民宿环境要求较高，而游客对服务人员态度更为关注。游客与民宿主人预期的不同因素包括房间设施、装饰装修和民宿主人性格特点等等，以及游客的年龄、性别、常住地、入住次数、有无孩子等，民宿主人年龄、性别、从业年限对民宿主人期望值的影响，等等。Scarinci 和 Richins（2008）以民宿顾客的再宿意向为研究主题发现顾客更重视民宿的地理位置。身心放松是顾客入住民宿的首要目的，其次顾客选择民宿的因素分别是有私人洗浴房、民宿主人善良友好、良好的住宿氛围和民宿服务。Huang（2008）对中国台湾民宿的网络营销进行研究，提出跟旅游相关行业进行合作，拓宽营销渠道，从而得到市场资源；通过提供周边信息等方式加强与顾客的联系，通过电子分销手段减少销售支出和提高促销效率，在不同的季节或者周末，跟旅游相关行业合作最大可能满足顾客需求，从而提高竞争力等。Hsich（2010）以美国为调研地研究发现民宿主人能够很好权衡民宿工作与民宿主人个人生活之间的关系，并且努力提升两者。Davis（2010）研究经济衰退时期的民宿，提出该时期顾客更喜欢民宿提供当地美食。Jonesl 和 Guan（2011）调查研究中国香港居民对内地民宿的支付意愿，结论与国外相关研究有差异，认为收入和学历越高对民宿要求越高，更愿意选择标准化住宿产品。Gavanaugh（2011）以民宿投保为新鲜话题，探讨民宿原真性与住宿舒适感的矛盾问题，认为在保留原真性建筑风格的同时，提供现代化的硬件设施，有助于提高民宿入住率，增加民宿保险的市场热度。邓念梅、詹丽、黄进（2014）等研究湖北具有民族特色的民宿，提出民宿产品和民宿经营者的管理水平是影响民宿可持续发展的重要因素。范欧莉（2014）选择西塘、乌镇、厦门、阳朔等 5 座城市民宿作为研究对象，借助扎根理论，对网络文本内容进行评估，研究发现，民宿旅游者更加重视体验性。

综上所述，"农家乐""家庭旅游"等旅游接待服务有了较大发展，不再局限于提供单一化的产品，服务逐渐多元化。本书选用的民宿是指以餐饮为主的农家乐和以住宿为主的家庭旅馆。乡村振兴背景下，国内民宿研究更多地集中于乡村，并与当地自然资源相结合，为游客提供特色体验活动，增强其再宿意愿。

"特色"成为民宿发展的核心。《汉语词典》将特色定义为：指一个事物或一种事物区别于其他事物的风格和形式，是由事物赖以生存的特殊环境因素所构成的，是其独有的属性。在此基础上，民宿特色就是指民宿所具有的格调与形态，以及它不同于传统住宿设施所特有的性质。吴佩璇（2008）把民宿特色概念化，认为民宿特色就是对民宿符号的外在展示，比如民宿的建筑外观、服务、地方文化等。同时强调民宿特色是民宿发展的核心。Alastair 等（1996）从特色活动出发探讨民宿特色，认为民宿特色就是民宿经营者依据当地文化和资源为旅游者组织的具有地方特色的活动。张超（2016）综合民宿的有形展示和特色活动分析民宿特色，认为民宿对旅游者的吸引力在于其举办的活动。张胜利（2016）着重研究民宿的舒适感，即民宿就是要让旅游者感受到家的温馨。鉴于此，目前学术界对民宿特色还没有权威而准确的标准和分类。国内外对民宿特色的既有研究相对较少，多数从民宿设计、民宿管理角度进行研究。Lin YP（2009）分析指出民宿在地民俗文化是民宿产业发展的关键。Hult-man 和 Cederholm（2010）认为民宿的主客互动关系是复杂多变的。在中国知网中以"民宿特色"为关键词检索文献发现基本空白，故而本书借助民宿的相关研究对民宿特色进行提取和挖掘。由于台湾民宿起步早，发展快，台湾学术界对特色民宿，尤以乡村特色民宿研究相对较多。例如，胡敏（2007）构建"动机—消费行为—服务品质"模型，结论显示民宿特色是民宿吸引旅游者的核心，建筑特色、餐饮特色等旅游资源是民宿提高竞争力的向心力。汪会玲（2015）利用网络文本的定性分析方法指出旅游者选择民宿的主要原因是民宿提供特色产品和个性化的服务。石宏凡（2017）研究发现民宿发展成熟的地区具有相同的特质，即自然资源、人文资源相对丰富。民宿特色化的建筑风格和对在地文化的传播能提高当地居民对本土的认同感。

综上所述，关于民宿特色的文献鲜少出现，但是，民宿特色是民宿业可持续发展的核心要素，旅游者在特色符号感知和特色活动体验中，通过具身感受方式产生体验情绪。因此，民宿特色是民宿经营和发展的根本要义。

第二节　民宿顾客住宿体验文献综述

旅游住宿以体验为中心。民宿作为一种特殊的建筑形态，具有独特的空间特征，同时也具备丰富的社会属性，因此它可以成为游客感知自身生活状态、情感需求以及价值取向等的重要场所。游客入住民宿时，持续地和民宿周边的整个环境或者事件发生互动，由这些互动关系在生理上和心理上形成的知觉程度是民宿住宿体验。民宿经历了由最初的简单客房到多功能酒店再到现代综合式旅馆发展的历程。民宿不只是给游客提供食宿的环境与装备，还为游客提供其他有关活动及服务，游客在入住的过程中，会有感受，有情感，进而产生情感共鸣，增强再宿意愿。这一持续不断的过程，就是民宿顾客体验的过程。目前，国内许多地区都兴起了"民宿热"，前期民宿以房间住宿为主，而后期的民宿与地方自然文化相结合，使游客的住宿体验丰富化。民宿相对于传统的旅游住宿产品而言，其住宿体验既有普遍性，也有特殊性。为此，本书在梳理民宿游客体验内涵时将传统住宿产品体验的内涵和民宿独特的体验内涵相结合展开探究。

一、与传统住宿产品统一的民宿住宿体验

相对于传统住宿产品，民宿更倾向于向顾客提供特色化的产品和服务。通过文献梳理发现，与传统住宿产品相一致，民宿体验内涵维度有感官体验、功能体验两个组成部分，但是，具体的体验内涵又有细微的区别。

民宿感官体验是指顾客在入住民宿过程中所产生的感觉，透过视觉、嗅觉、听觉、触觉等在陌生的环境中产生自身的体验。民宿感官体验具有非物质性特征。在这一领域的研究中，国内外学者已经进行了很多有价值的探索，并取得了丰硕的成果，但是关于民宿感官体验的理论与实证分析仍然比较薄弱。就视觉体验的研究而言，肖曼、范孟丹（2017）建议，游客入住期间，把民宿用特色饰品加以点缀，可利用墙体彩绘等形成一定的视觉体验；相对于视觉体验，李海燕（2014）认为，部分民宿于特定时段打开公共空间音响，放本地特色音乐，能够为游客带来不一样的听觉体验；而在气味方面，庄修田（2008）提出有些民宿主人会通过在空气中喷洒特殊的令人感到舒服的味道，打造民宿氛围，这些气味将成为游客感受嗅觉体验的关键。

在住宿产品上，功能体验是最基本的。住宿功能是民宿提供给客户高质量住宿的产品及其他符合游客基本食宿需要的服务。王馨（2013）提出顾客的功能体验表现在产品质量和实用性上，以满足旅游者的生理需求为主，更多是认知与评估，通常所含情感元素很少。民宿和传统的住宿产品是相同的，都需要向游客提供符合基本生理需要的产品和服务，具体体现在游客对民宿卫生状况评估、服务供给及配套设施等体验方面。

二、民宿独特的住宿体验

民宿不同于其他住宿产品,它能给旅游者带来除住宿功能以外的各种原真性、互动体验。

(一)民宿原真性体验

一些民宿为顾客提供住进当地居民家的机会,使顾客切身感受旅游地本土人文风貌和生活状态,体验旅游地居民的生活方式。这是民宿的原真性体验,也是民宿与一般标准化住宿产品的区别。因此,原真性体验是民宿差异化经营的核心,也是顾客选择民宿的主要原因之一。在民宿明显的人为建构的环境中,顾客体验到的原真性是民宿主人与顾客共同构建的,主要表现在环境原真性体验、功能原真性体验和情感原真性体验三个方面。

1. 民宿环境原真性体验

民宿环境原真性的体验,主要是顾客对民宿内环境和民宿周围环境的感受。民宿周围自然环境的原真性体验则主要通过对其进行景观改造来实现,民宿内部环境的原真性体验,即顾客在民宿内部空间环境中对地方人文风貌、生活状态等方面的感受。民宿周围环境原真性则是指该民宿周围自然环境中存在的符合旅游者心理需求且能满足其生理及精神需要的特征。在住宿环境中寻求原真性体验是游客选择民宿最主要的动力,这一观点是许多学者的共识。民宿内部环境原真性则是指旅游者在入住民宿后所获得的一种心理上的愉悦感和精神上的满足感。凌云等(2018)提出,相对于标准化酒店而言,民宿环境富有地方特色,有地方特色布置或者家庭氛围浓厚的住宿环境能使游客生成原真性体验。目前,大多数民宿都是在本地居民住宅或者旅游目的地居民住宅上搭建或者改造而成的,对于游客来说,这类民宿代表着历史久远的、现实或特殊的生活文化等,选择这样的民宿住宿,就是想体验原真性。Paulauskait(2017)提出顾客在民宿入住过程中,能够深切感受民宿内部个性化的设计和布置,体验当地人的生活方式;李文勇等(2019)提出民宿要利用当地自然生活环境、建筑、资源和其他符号元素,呈现当地地方文化,创设"舞台真实"场域空间,使旅游者得到原真性的体验;Cheng等(2019)建议在民宿内部环境建设"第二个家",使消费者感受本地原真环境。可见,在民宿设计中融入地域特色可以有效提升其吸引力和竞争力。然而,也有学者提出民宿内部空间给顾客带来的原真性体验是和顾客对住宿舒适的追求对立的。因此，本书通过梳理分析来探究民宿不同功能区域的原真性和使用者的住居需求是否存在差异。Paolo（2015）就提出民宿顾客既要追求原真性，也要追求家庭舒适性，其原真性体验不会持续很久，因为游客要经历原真性，就要牺牲自己的舒适；Wang（2007）认为，顾客对体验原真性的需求具有高度个性化，希望民宿既具有当地特色，也能满足其住宿舒适，但是，也有民宿经营者为迎合顾客需求，以牺牲某种程度的原真性为代价，重塑民宿房间。

民宿所处环境之原真性体验，主要指其所处的自然环境与人文风貌能使顾客于入住期间对当地人文风貌与生活状态有初步认识。民宿所在地周边环境的原真性体验则主要通过对当地自然人文的感受来实现。大多数游客在入住时，会寻求与当地人以及生活方式之间的真实联系。因此，他们会主动去观察民宿周围的景观，包括建筑、植被等，并将自己所看到或听到的一些事件记录下来。这些联系，可以使他们真正感受民宿所在地的自然人文，在民宿所处环境中形成原真性感受。目前大多数研究都是关于这方面的。比如，Wang（2007）和 Lyu（2019）提出，顾客住宿期间会参加地方活动，和当地人一起居住，感受地方的生活习俗；丁飞洋、郭青海（2019）以民族地区民宿为研究对象，认为民族地区居民朴素的生活方式、传统民族服饰和地方民族特性建筑是构成游客对当地环境原真性印象的主要因素；卢世菊和吴海伦（2019）提出，民族地区的服饰、节日、表演、土特产、手工艺品和其他地方文化符号的展示，是旅游者形塑文化原真性体验的一种重要方式；张允熙、叶为谷（2016）研究发现民宿经营者经营民宿时，会结合当地的风土人情，配合各种副业，如请当地居民做向导，带游客去玩当地的景点，吃当地的食物，使游客感受到地方的原真文化；Tussyadiah 和 Pesoncn（2015）提出与民宿本地居民、本地文化间互动是旅游者感受原真性的重要方式，同时，游客也可以通过感知当地传统生活方式来影响其行为态度以及情感倾向；董孟修（2015）研究台湾"好客民宿"原真性的表现，提出游客可以在民宿欣赏自然风景，感受民宿周围环境的氛围，感受与观察所在地居民的日常生活状况，全方位领略地方原真性。

2. 民宿功能原真性体验

通过文献梳理和分析，民宿功能性体验主要由民宿硬件设施与民宿服务两部分组成。由于游客的居住环境大多为城市或小镇，所以他们往往会选择远离城市喧嚣和污染较严重的地方住宿。民宿硬件设施原真性体验是指民宿所提供之设施设备可使游客体验居家舒适感。李文勇等（2019）提出民宿所提供的硬件设施是否为游客真正所需，就是民宿顾客的"保健因子"感受，民宿的硬件设施越好，越容易吸引消费者进入民宿消费并产生情感依恋关系。Johnson等（2017）认为消费者在入住期间体验民宿家庭设施，如厨房烹饪工具或洗衣机，有利于功能性原真体验的形成；Guttentag（2015）研究发现在民宿内体验原真家庭设施，这是游客挑选民宿的一个理由。

民宿服务原真性体验，系指民宿对旅游者所提供之服务，能协助旅游者产生亲切感。张允熙和叶为谷（2016）提出，台湾民宿经营者把本地的原料制作成地方美食，让客人品尝，游客还可以在菜地里种菜，为下次光临做准备，民宿所提供的上述服务，有助于游客真正体验到当地的生活风俗；董孟修（2015）提出，部分民宿经营者根据当地风俗习惯，组织特色活动，为游客提供路线指引服务，帮助游客了解当地自然环境和人文风情，对在地文化有更深刻的认识。

3. 民宿情感原真性体验

现有研究表明，民宿情感原真性体验主要由两部分组成，一是顾客和其他人进行情感交流时所感知的真情实感，二是入住民宿时所形成的自我情感感知，即人际情感与人内情感。

人际情感原真性体验的现有研究，多关注主客与客客相互作用所带来的情感原真性。Ding等（2020）指出，和民宿经营者沟通越来越成为消费者住宿体验的重要环节；Zhang（2020）的研究指出，民宿经营者与游客之间的互动主要经历"有缘—投缘—惜缘—续缘"4个阶段；凌云（2018）研究发现，年轻的旅游者在与民宿经营者互动中，能体会彼此的率真并产生共鸣，除此之外，游客和家人或者亲友同住将使相互间的关系更加稳固，与民宿经营者的关系亦更加真切；卢长宝、林嗣杰等（2018）认为，游客在与民宿经营者沟通交流中，更能吐露心声；焦彦等（2017）以大陆游客为调研对象，研究其对台湾民宿的情感真实性体验，游客在入住期间与民宿经营者接触并交流，产生信任，吐露真实诉求，释放压力；Stors和Kagermeier（2015）提出顾客在住宿期间与民宿经营者进行互动，建立友谊，是典型的情感原真性体验；Olesen（2011）提出相对于标准化住宿，游客在入住民宿过程中与服务人员交流情感，打破了传统酒店的非人情化服务。

目前关于人内情感的原真性体验在学界涉猎较少。焦彦等（2017）认为民宿的人内原真性情感体验表现在旅游者在陌生环境中对日常生活的反思；刘明德和吴碧珠（2014）研究发现游客在住宿过程中会体验当地人文风貌，与他人互动交流，释放情感，思考生活并认识自我。

（二）民宿互动体验

民宿体验的关键及互动。通过文献梳理与分析发现，关于民宿互动的体验集中在民宿人—地互动、民宿人—机互动和民宿人—人互动，本书将聚焦这三个互动体验展开分析。

1. 人—地互动体验

人—地互动来源于民宿环境。民宿环境主要包括民宿旅游者与民宿外观与装饰互动产生的物理环境和民宿与周围的社会氛围产生的社会环境构成。

民宿的物理环境互动体验表现在旅游者与民宿外观及装修装饰、民宿内部硬件设施互动产生的感受。邹锡（2017）研究发现，游客在入住过程中通过对民宿外观、设施、光线等感官感受的互动产生知觉和感觉；李文勇（2019）提出民宿符号是游客在民宿内体验的重要来源，该体验有助于游客产生愉悦情绪；卢长宝和林嗣杰（2018）认为顾客在选择民宿时更倾向于具有地方特色的建筑，因其有助于感受当地风土人情；陈云（2015）研究并提出游客通过民宿的外观和内部装饰感受在地文化；普片（2014）以藏区民宿为研究对象，发现藏区民宿中关于藏传佛教标志的建筑和实物能够帮助游客更深入了解藏族文化；陈秋玲（2004）发现游客在入住民宿中会从周边环境中学习更多知识；Morrison 等（1996）认为游客能够借助对民宿外观和内部环境的感知，了解更多在地知识；郑诗华（1992）研究发现民宿的建筑外观，有利于提升游客对所在地的记忆和情感。

民宿的社会环境互动体验表现在旅游者借助民宿社会环境而产生的感知。依据民宿的独特性，可以将民宿的社会环境氛围分为家庭氛围和文化氛围。家庭氛围是指旅游者在民宿住宿过程中通过民宿创造的环境感受到家的温馨。Roelofscn 和 Maartje（2018）认为民宿经营者为游客准备有家的温馨感的产品，能够给游客提供家的感觉；Cunasckaran 和 Anandkumar（2012）认为民宿经营者在服务方面，要尽量为游客提供家的温馨感，比如提供特色美食等。文化氛围是指旅游者感受当地文化产生的情感共鸣。邹锡（2017）认为民宿为游客提供独特的乡村文化，有利于游客产生情感共鸣。

2. 人—机互动体验

人—机互动，主要是指住宿期间，旅游者与民宿硬件设施以及民宿服务之间的交互。人—机互动所带来的功能体验，则主要包括旅游者与民宿硬件设施之间的互动体验以及旅游者与民宿服务之间的互动体验。

民宿硬件设施互动体验是指游客在入住过程中使用和体验民宿硬件设施的感觉和知觉。殷英梅和郑向敏（2017）研究指出民宿对安全设施的选择和使用，有利于游客产生家的归属感；陈云（2015）指出顾客在选择民宿时，认为民宿设施的安全舒适性比更高档的设施设备更重要；郑诗华（1992）提出民宿提供的设施更具有家庭氛围感，有利于游客产生舒适感。

民宿服务互动体验是指游客入住过程中感知民宿提供的服务而产生的知觉。随着网络的发展，民宿线上服务占据重要地位。Lyu（2019）提出受在线点评发展影响，多数顾客会在网络上与他人交流所住民宿的感受，甚至推荐他人入住；陈晓琪（2018）研究发现，部分顾客在选择民宿前通过手机或者电话与民宿老板交流沟通，了解民宿情况。然而，民宿线下服务主要体现在入住后的服务方面。殷英梅（2017）以主客互动为研究主题，提出民宿经营者应为顾客提供接站、烹饪特色美食等服务。

3. 人—人互动体验

民宿互动的灵魂即民宿主客互动。鉴于民宿的独特性，可以将民宿人—人互动体验分为：生活式互动体验、补偿式互动体验和愉悦式互动体验。

生活式互动体验是指民宿为顾客提供家的氛围，在生活中开展主客互动。郭峥（2017）研究主客互动时提出顾客入住期间，民宿经营者会主动分享民宿生活和故事，给顾客家人一般的照顾和交流，让顾客感受到家的温馨和风土人情。

补偿式互动体验是指在主客互动中，民宿主客真诚相待，使得顾客能够释放情感和压力。Farmaki 和 Stergion（2019）认为游客在民宿入住过程中与民宿主人的互动，有利于弥补内心的孤独；Lyu 等（2019）提出民宿主客间的交流能够帮助顾客摆脱孤独；Sohany（2010）研究发现自进入民宿起，一切正向交流互动都能够缓解顾客内心的压力。

愉悦式互动体验是指民宿主客之间的情感交流有助于游客产生愉悦情绪。首先是民宿顾客与民宿经营者之间的互动体验。陈晓琪（2018）研究主客互动时发现民宿顾客与民宿经营者的交流合作，能够帮助顾客产生愉悦情绪；光善军（2018）提出民宿经营者与旅游者相互分享和交流，有助于产生愉悦体验共鸣；李艳琴等（2017）提出民宿经营者对顾客真诚相待，能够使顾客产生愉悦体验。其次是民宿中客—客互动体验，即民宿游客与同时段其他游客的交流互动体验。Lyu（2019）研究青年游客的民宿住宿体验，认为青年游客更善于与其他游客相互交流分享，以此产生愉悦情绪。最后是民宿旅游者与当地居民的分享和交流。董孟修（2015）研究发现若民宿经营者是当地居民，会有更多机会与顾客分享地方资源和文化，有助于使顾客产生愉悦情绪。

三、民宿顾客住宿体验的影响因素

通过对文献的梳理发现，影响民宿顾客体验的原因集中在三个方面，即民宿顾客、民宿经营者、民宿环境。

（一）民宿顾客

1. 民宿顾客的人口特征

与相关人口特征研究分析因素相似，民宿顾客人口特征对民宿住宿体验的影响因素研究主要从性别、收入、受教育程度、婚姻状况、职业、文化背景等方面展开。第一，性别的研究中，罗雯婷等（2020）研究发现，由于女性在卫生条件方面有更高要求，因此女性在民宿的住宿体验不如男性。第二，收入的研究中，Mody（2018）发现民宿住宿体验随收入的提高而升高。第三，受教育程度的研究中，蒋佳倩和李艳（2014）研究受教育程度对民宿住宿体验的影响时发现，民宿的住宿体验随受教育水平的升高而提高。第四，婚姻状况的研究中，凌坤育（2017）提出民宿入住过程中，未婚顾客在民宿的住宿条件和学习体验方面的要求远远低于已婚顾客。第五，职业的研究中，Zhao等（2020）以企事业单位的顾客为研究对象，发现在企事业单位工作的顾客在民宿入住期间除了关注情感体验，更注重社会体验；凌坤育（2017）在研究职业对民宿互动体验时，发现对民宿体验要求排在第一位的是学生，排在最后一位的是个体户。第六，文化背景的研究中，龙肖毅和杨桂华（2008）从民宿饮食、文化、硬件设施和环境等方面探究民宿互动体验，发现受文化背景影响这些因素差异较大；Brochado等（2017）以印度、西班牙和美国为案例，调查发现文化背景对民宿顾客互动体验影响较大；Oupta等（2019）认为民宿住宿的互动体验随顾客文化背景的变化而变化。

2. 民宿顾客住宿动机

之所以选择民宿，多数顾客均存在其与传统酒店不同的住宿动机，比如，求新动机、冒险动机、情感体验动机等，不同的住宿动机必定会产生不同的住宿体验。褚丽娟等（2007）以住宿动机为研究主体，发现民宿顾客的住宿体验随住宿动机的变化而改变，追求新动机的顾客，对冒险的体验要求更高。

3. 民宿顾客涉入度

研究民宿住宿体验的文献中，对顾客涉入度的涉猎较多。Mody 等（2018）研究游客涉入度时提出顾客涉入度与民宿住宿体验成正比；陈铭嘉等（2016）同样证实民宿顾客的涉入度与民宿住宿体验正相关。

4. 民宿顾客情感状态

民宿顾客住宿体验的核心是顾客的情感状态。Bilgihan 和 Bujisic（2015）认为如若顾客对民宿经营者充满信任，则会有更好的住宿体验；Tussyadiah 和 Zach（2017）认为顾客心情也是影响民宿住宿体验的重要因素。

（二）民宿经营者

民宿经营者是民宿主体之一，所以民宿经营者的状态亦是民宿顾客住宿体验的重要影响因素，民宿经营者对顾客住宿体验的影响从以下两个方面研究：经营动机和情感劳动。

1. 经营动机

与顾客住宿动机相似，民宿经营者的经营动机同样影响民宿顾客住宿体验。Ye 等（2018）研究发现民宿经营者的利润化经营动机与顾客住宿体验呈负相关，经营者越是追求利润最大化，顾客的住宿体验越不好。Tussyadiah 和 Park（2018）研究发现民宿经营者的职业化动机负向影响顾客住宿体验。

2. 情感劳动

情感劳动就是在劳动中进行情感投入、沟通与互动，在服务提供者与接受者的人际互动下进行。皮常玲（2019）在研究民宿经营者情感劳动中提出，民宿经营者的情感劳动在服务过程中输出，情感劳动输出越多民宿顾客的住宿体验越好。同时，她还认为民宿顾客进入民宿陌生环境中，提供情感劳动是改变顾客对陌生环境体验的重要途径；Nuntsu 等（2004）指出民宿经营者与顾客真诚交谈分享，有助于帮助顾客适应陌生环境并产生温馨感。情感劳动不仅能够帮助顾客熟悉环境，亦有利于提升顾客的积极情绪，对民宿所在地产生地方感。Zane 等（1997）认为民宿经营者为顾客介绍地方人文风情和自然资源，能够帮助顾客产生满足感；庄修田等（2008）认为民宿经营者与顾客的真诚交流，使顾客感受到家的温馨；

Tussyadiah 和 Zach（2017）认为民宿经营者的热情招待，能够帮助顾客产生受欢迎的积极体验。

（三）民宿环境

1. 民宿内部空间

相关文献显示民宿内部空间对民宿顾客住宿体验的影响主要集中在民宿的硬件设施、民宿房间私密性和民宿房间装饰三个方面。

第一，在民宿硬件设施的研究方面，王玲等（2017）在对民宿设施设备的研究中发现，民宿为顾客提供最基本要求的硬件设施是影响顾客住宿体验的重要因素；龙肖毅和杨桂华（2008）提出相当一部分民宿经营者对房间和设施不够重视，影响民宿顾客的住宿体验。

第二，在民宿房间私密性的研究方面，Zanc 等（1997）研究发现民宿具有安静的氛围，为顾客提供私密性，提升顾客的积极情绪；肖曼（2017）认为如果民宿能够很好保证顾客的私密性，顾客会产生积极的住宿体验情绪。

第三，在民宿房间装饰的研究方面，Mura 等（2015）在研究古朴民宿中发现，使用一些怀旧古朴的元素装饰房间，有利于顾客产生积极情绪；Tussyadiah 和 Zach（2017）认为民宿客房的装修是影响民宿住宿体验的重要因素。

2. 民宿公共空间

民宿的公共空间是指民宿中供顾客活动的公共区域。范晓杰等（2017）研究民宿庭院设计时发现良好庭院的景观体验能够帮助顾客产生情感共鸣；肖曼（2017）提出民宿的休闲空间营造出家的温馨氛围，有利于帮助顾客对民宿产生满足感；庄修田等（2008）同样研究民宿庭院设计，认为民宿庭院的氛围影响顾客的住宿体验；龙肖毅和杨桂华（2008）对比中外民宿顾客，发现外国顾客对民宿的庭院更感兴趣；郑诗华（1992）研究发现民宿的休闲空间与民宿房间的距离影响民宿顾客的住宿体验。

3. 民宿文化

胡艳婷（2017）以乡村民宿为研究对象，提出民宿外观建筑、装修装饰等特色符号元素是顾客住宿体验的灵魂，能帮助顾客体验当地特色和文化，产生满足感和愉悦感；张希和杨雅茜（2017）研究发现民宿经营者在民宿内部营造的文化氛围是影响住宿体验的重要原因之一。

4．民宿周边环境

胡艳婷（2017）以乡村民宿为研究对象，发现乡村民宿建筑所在地的周边特色景观，对顾客的住宿体验有重要影响。

（四）民宿的其他影响因素

民宿的周边环境、民宿为游客提供的游玩线路、民宿组织的民俗活动、民宿房间的私密性、民宿的性价比以及当地居民的待客之道等都是民宿顾客住宿体验的重要影响因素。何月（2018）认为民宿建筑风格保留原始状态，能够帮助顾客体验当地特色和文化；庄修田和叶佳琪（2008）研究发现民宿的路线设计与顾客的积极住宿体验呈正相关；Ye（2019）认为民宿的员工数量负向影响民宿顾客的原真性体验；Mody（2018）认为民宿住宿人员增加时，提供了更多的互动机会，有助于提升民宿顾客的幸福住宿体验。

四、民宿顾客住宿体验的结果

通过对相关文献梳理和分析发现，民宿顾客体验的结果主要集中在民宿顾客的态度和再宿意愿两个方面。

（一）对民宿顾客态度的影响研究

学术界在研究民宿顾客体验对民宿顾客态度的影响时，主要从民宿顾客的满意度和忠诚度两个方面展开。第一，关于顾客满意度的研究，张佩婷等（2012）提出顾客在民宿入住期间的住宿体验是影响其满意度的重要因素；李云（2012）研究指出衡量顾客满意度的一个重要指标就是民宿住宿体验。第二，关于顾客忠诚度的研究，Wang 等（2018）研究民宿顾客忠诚度时提出民宿主客体间相互交流互动，顾客在民宿能够像在家里一样做一切事情，感受家的氛围，这种体验会影响顾客的再宿意愿；Tussyadiah 和 Zach（2017）调查发现民宿顾客忠诚度随民宿住宿体验的好坏而改变。

（二）对民宿再宿意愿的影响研究

基于再宿意愿的维度划分，学者将民宿住宿体验对民宿再宿意愿的研究主要集中在再住意愿和推荐意愿两个方面。Ye 等（2019）研究民宿再宿意愿时提出民宿经营者会主动征求顾客意见，尊重顾客的建议并积极完善，有助于顾客在社交网站填写积极评论，推荐他人入住；Mody（2018）研究发现民宿顾客离店后如若有深刻记忆，便会主动向他人推荐该民宿；Canillen 和 Neuhofer（2017）认为民宿顾客在入住民宿期间的情感体验与其再宿意愿成正相关；Mao 和 Lu（2017）认为顾客在民宿能够深切感受地方特色和地方文化，就会将其推荐给他人；陈云（2015）认为在民宿的经历能够为顾客留下深刻印象，顾客便会产生再宿意愿并推荐他人；王月莺等（2013）研究发现顾客从感官上对民宿特色的体验越多，越能增强他们的再宿意愿；李美宜（2011）研究提出情感体验是影响顾客再宿意愿的重要因素，而关联体验与推荐他人成正相关。

民宿研究的核心问题之一就是民宿体验。因此，本书从不同角度梳理了国内外学者对民宿顾客体验的认识，并提出未来可能的发展趋势。伴随着民宿的蓬勃发展，民宿顾客体验的研究亦略有成果，但是研究还比较分散，并且还在探索和持续发展中。本书对民宿的概念、民宿顾客体验内涵、构成要素、影响因素和作用结果及其他有关研究进行了综述和总结，研究发现，民宿顾客体验的研究正在发生改变，具体表现为运用技术手段达到惯常环境下非惯常体验、一次性调研民宿的顾客体验转向历时视角的调研、从民宿住宿体验单一研究到民宿与顾客两个因素综合起来进行住宿体验研究，这符合 Natan（2005）对住宿体验的看法。

第三节　再宿意愿文献综述

一、再宿意愿的维度

再宿意愿是民宿可持续发展的关键，提高民宿游客的满意度并使游客选择再次入住，有助于民宿的经营和可持续发展。较之对游客实际再宿意愿的测量，对具有较长再宿时间周期的民宿再宿意愿的测量相对效率更高，并且已有学者研究发现这种表示程度具有一定的可靠性。因此，民宿再宿意愿的测量对民宿经营者的经营管理及对民宿的可持续发展具有重要的指导价值和意义。

再宿意愿（重游意愿），即游客再次消费的行为意向。国外学者 Boulding 等（1993）认为顾客再次消费的两个重要指标为重复购买行为和愿意向他人推荐行为，并且该研究在学术界得到证实后被广泛推广应用。Bigne（2004）将再玩与推荐给别人作为衡量旅游者重游意愿的指标。Hung-Che（2018）等以主题公园游客为研究对象，研究体验感受对重游意愿的影响，指出主题公园重游意愿的两个测量题项为是否再次游玩和是否愿意向他人推荐。国内学者对再次消费意愿的测量研究多数集中在再次购买（游玩）和是否推荐给他人。如蒋婷、张峰（2013）以是否重游和是否推荐作为游客再宿意愿的测量指标。李婷婷等（2020）在研究游客对旅游地沉浸式体验的研究时同样采纳了这两个测量指标。

二、再宿意愿的影响因素

对相关文献搜集、梳理后显示，对民宿旅游者再宿意愿的影响因素主要从民宿旅游意象、民宿服务质量、民宿服务场景、民宿游客满意度、重游动机等角度进行研究。庄琬琳、林宗良（2013）选取台湾省嘉义县阿里山为案例地，调查研究该案例地民宿旅游者的再宿意愿与民宿服务质量的关系，结论显示顾客再宿意愿受民宿硬件设施及民宿经营者的好客度影响。李欣（2017）在辽宁省新宾满族自治县对乡村民宿进行研究，探索游客行为与旅游动机间的关系，得出的结论是影响旅游动机的特色民俗活动、特色美食和民宿活动中的人际交往等因素对再宿意愿起决定性作用。郭清霞等（2020）在莫干山进行调查实证研究发现民宿的有形展示意向对游客的再宿意愿有重要影响。

台湾地区对再宿意愿的研究相对较多，陈宗玄、林静芳（2006）以清境地区为案例研究游客对民宿的满意度与再宿意愿之间的关系。庄修田、叶佳琪（2008）研究游客的民宿印象与再宿意愿，认为民宿印象有环境和设计、社会性因素两个维度，其中"客房空间"对再宿意愿的影响最显著。蔡依珊（2009）认为，游客动机显著影响再宿意愿。其中，民宿特色最重要，民宿特色对拉动动机具有最好的预测作用，知识与社交性和民宿价格都有一定的影响，但影响不大。情感态度则没有明显影响，但是会直接决定消费者再次停留的意愿。叶源益、王婷颖（2001）从消费者角度出发，以旅游目的地居民为样本，采用问卷调查法，探讨旅游者居住决策行为及其影响因素，指出承诺、关系品质与顾客忠诚度对再宿意愿有显著影响，服务质量在其中起到部分中介作用，而顾客满意程度则起完全中介作用。合理的价格关系到顾客满意度及顾客再入住意愿。马桂玲、马锦义等（2016）研究旅游者民宿选择与满意度影响因素，研究表明，就规划发展与管理而言，民宿经营要建立整体规划设计与综合管理机制，重视民宿特色、服务水平与文化融合，使民宿行业得到健康有序的发展。学者以再宿意愿为视角，开展民宿开发策略研究，有助于提高民宿游客再宿率。马桂玲、马锦义（2016）通过对当地典型民居的采访，从民宿的特色、民宿的品牌形象、民宿的文化氛围和民宿的服务水平的视角探索发现，它们和民宿游客的再宿意愿呈正相关。黄先荣、颜硕（2018）对民宿进行实证研究，结论表明游客更追求民宿特色、服务质量及当地居民态度，因而认为挖掘多元化民宿特色、协调发展地方自然环境与人文环境，有助于满足游客求新动机并提高地方融入感，提高民宿游客的再宿意愿。

三、游客忠诚度

前文提到消费者行为意向的一个重要分支是忠诚度，具体到民宿来看，忠诚度即民宿旅游者对民宿的产品和服务产生情感上的偏好倾向，出现重复购买行为或推荐给他人。由此可见，游客忠诚度的探讨对民宿顾客再宿意愿的探究起到至关重要的作用。

（一）游客忠诚度影响因素

通过对文献的梳理，本书归纳了近年来学术界对游客忠诚度影响因素的代表性研究结论，总结发现游客忠诚度的影响因素集中在以下两点。

第一，现有研究多从感知质量、感知价值、游客满意和地方依恋等方面进行分析并用其充当中介变量，考察了目的地各客观要素对于旅游者忠诚的作用。现有文献大多从交易角度来分析旅游者忠诚度形成的机制。从交易过程驱动机理出发，对旅游者的感知质量、感知价值进行研究，旅游者满意度被认为是旅游者忠诚度产生的前因，从关系过程驱动机理出发进行研究，得出旅游者忠诚度来源于旅游者对旅游目的地的情感改变，一般采用地方依恋或者场所依赖作为中介变量。目前国内学者对于游客忠诚度形成机制方面的实证研究主要集中在旅游者心理层面，而关于旅游地社会文化环境维度因素作用的相关文献却相对缺乏。到底是什么因素决定了旅游者故地重游或者口碑宣传的效果，仍然有待进一步研究。

第二，从大多数研究看，游客忠诚度同顾客忠诚度在内涵、理念上是相同的，游客忠诚度属于顾客忠诚度，因此，游客忠诚度研究也适用于多方面的理论研究。但是，在特定情境下，两者也有一定差异。游客是在特殊环境和特定情境下的顾客，受特定因素影响，情况会有所改变（见表1-2）。例如，超市或者商场的顾客即使对消费不满意，但受地点、交通等因素影响可能还会重复消费。但旅游景区不同，若游客对景区的服务或者产品不满意，游客就会选择去其他景区消费。因此，应结合景区的资源和实际情况来制订测量变量。

表 1-1 游客忠诚度的影响因素

研究者	影响因素
Baker，Crompton（2000）	质量（基本质量、特色的环境资源、信息资源、设施舒适度）、游客满意度
Bigne 等（2001）	旅游景区形象、感知质量、游客满意度
邵伟钦（2005）	关键变量（景区生命周期、市场作用、现象度假产品比例、感知距离）、限制变量（景区设施设备、服务系统）、影响变量（政策法规）
Gallarz，Saura（2006）	感知价值（服务效率和质量、社会、审美、娱乐价值、花费的时间精力）、游客满意度
汪侠，梅虎（2006）	游客体验、期望、感知价值、满意度
王群等（2006）	游客满意度（游览价值、环境感知、旅游期望）
黄福才，黄颖华（2007）	感知价值、旅游质量、游客满意度
李文兵（2011）	感知价值（社会价值、情感价值、认知价值、经济成本、非经济成本、导游服务、社区服务、资源成本）
张春晖，白凯（2011）	旅游地品牌个性、场所依赖
沈鹏熠（2012）	认知形象、情感形象、游客满意度
邱宏亮等（2013）	旅游景区形象、感知价值、游客满意度
罗楚等（2016）	品牌体验、游客满意度

综上所述，已有研究多数从感知视角、地方依恋、游客满意等角度研究游客忠诚的影响因素，而对民宿特色影响游客忠诚的研究鲜少。

（二）游客忠诚度相关模型

旅游目的地的旅游者行为于 20 世纪 90 年代末逐步成为学术界关注的焦点，多数学者以顾客忠诚度理论为基础将其应用于旅游业中，并且结合中国旅游市场特点，构建了"旅游地游客满意度模型"（Tourism Destination Tourist Satisfaction, TDTS）和旅游环境"游客满意度的指数测评模型"（Tourist Satisfaction Index, TSI）等游客忠诚度模型。

（1）旅游地游客满意度模型

汪侠在 SCSB(Sweden Customer Satisfaction Barometer) 模型和 ACSI（American Customer Satisfaction Index) 模型的基础上构建了 TDTS 的结构关系模型。相对来说，

TDTS 模型将顾客感知质量用包含情感要素的游客体验来代替。汪侠以桂林作为案例地进行实证研究，根据调查数据验证了该模型的良好结构效度，即游客满意度是游客忠诚度的前因变量，游客满意度越高，越容易产生游客忠诚度，反之则产生游客抱怨。游客忠诚度的影响因素有游客期望、游客体验、游客感知价值，且检验得出游客期望负向影响游客满意度（见图 1-1）。

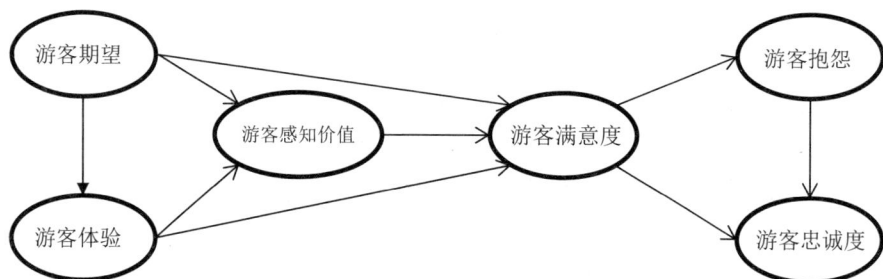

图 1-1　TDTS 模型

（2）游客满意度的指数测评模型

TSI 模型是以 ACSI 为基础建立起来的，包含游客期望、环境感知、游览价值、游客满意度、游客抱怨、游客忠诚度六个变量。该模型是一种基于消费者行为理论的旅游研究方法，具有较强的操作性，可以为我国旅行社提供参考。整体上 TSI 模型和 TDTS 模型吻合较好，均将游客满意度视为游客忠诚度、游客抱怨等前因变量（见图 1-2）。不同之处在于侧重点和测量题项不一样，TSTS 模型侧重于游客综合旅游体验，TSI 模型侧重于游客环境感知。

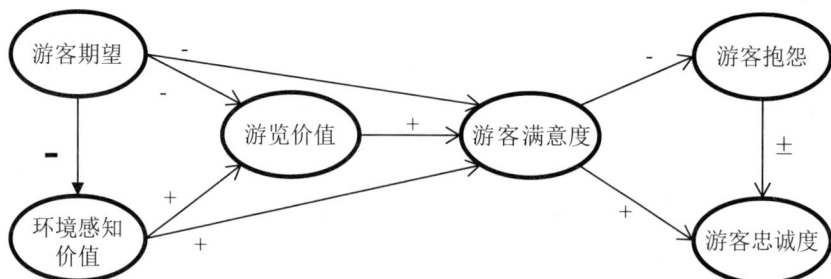

图 1-2　TSI 模型

综上所述，国外对再宿意愿的研究起步早、成果丰富，中国台湾地区的民宿再宿意愿研究如火如荼。而相对来说，祖国大陆相关方面的研究起步较晚，研究内容没有统一定论，研究对象千差万别，学术界没有统一的理论体系和研究模型，并且有一定的偏颇性。在民宿业蓬勃兴起的今天，民宿再宿的意向已成为旅游业界关注的热点。学术界对再宿意愿的研究，更注重把民宿的吸引物作为体验的客体，民宿是旅游地吸引物的主体组成，旅游者在民宿中的逗留时间、交往互动、情感生成等对于主要吸引物的引入等都有着更为直接的作用，那么民宿对于再宿意愿的形成有怎样的作用，以及其作用的大小，当前学界对其重视不够，研究不够系统，正因为如此，本书才有了值得探讨与补正的学术价值。

第四节　求新动机文献综述

一、求新动机的概念

求新动机（novelty-seeking）是消费者购买商品和服务的基本动机，指买东西、买服务的时候，消费者求变求新的心理，是消费者可能具有的一种内部特征（Cohen,1979）。动机是一种心理过程，是产生行为的基础和先导，而引发动机的关键是需求。消费心理学认为，认识消费者忠诚度和重复购买的基础即购买动机，故而，一切为提升忠诚度和购买力的方式都应以顾客的动机为基础。娱乐和休闲是人类的基本需求之一，正是有了这类需求，才会产生旅游动机，继而引发旅游行为。

关于旅游动机这一概念，学术界一直比较统一。所谓旅游动机，就是指个体旅游行为所产生的一种动力，这种动力被激发出来，促使旅游活动朝着某种方向进行。研究显示，出行的一大动机就是追求新奇。新奇在不同程度上刺激着旅游者的好奇心与求知欲，促使他们去体验新鲜事物并获得愉悦。新奇意味着个体以惊喜、冒险、解闷的方式，增添旅游乐趣。所以追求新奇旅游动机就是探新求异，即寻找刺激，以满足其追新、求异、求奇的需要，强调旅游动机的丰富性。旅游学界的求新动机就是指追求新奇，即追求陌生而又有别于过去的旅游体验。与追求新奇体验相对应的是游客对旅游目的地的熟悉感（Pearson,1970;

Faison，1977）。

二、求新动机的测量

（一）求新动机的测量方法

限于旅游活动内容丰富和形式多样等特点，学术界对于旅游动机的评价也各不相同。从国内外相关研究所划分的旅游动机因子来看，大多数研究是从个人、社会、知识、技能等横向层面来划分旅游动机的。

对求新动机测评而言，既有研究多采用李克特量表，从多维度、多指标进行测量。Crompton（1992）将求新动机划分成 4 个维度，即兴奋（thrill）、改变常规（change from routine）、避免无聊（boredom alleviation）、惊喜（surprise），同时为 4 个维度设置了 21 个指标。Crompton（1992）量表为求新动机相关测评提供了较为完整的体系。Jeong 和 Park（1997）采用该量表，以主题公园乐天世界为案例地，对 17～30 岁的游客进行调查研究，研究中将"体验不同文化""购买当地手工艺品""品尝当地饮食和新奇事物""结识有趣和友善的当地居民""有机会见到或体验不同民族背景的人群""有机会见到或体验到独特的原住居民或土著群体""有机会增长个人对旅游目的地""人群及事物的知识""能见到或参与各种各样的事物""亲身旅游回家之后可以增加我的谈资"作为衡量求新动机的指标，研究表明，这一指标也适合用于短期主题公园、长期度假等研究领域。

表 1-2　求新动机影响指标表 [①]

维度	指标
兴奋（Thrill）	①我追求激动人心的活动；②假期里我追求冒险；③我喜欢在假期中经历冒险；④我喜欢在春季丰水期在宽阔的河流中央乘筏；⑤假期里我喜欢"大胆"的活动；⑥我觉得有时候在游玩中受些惊吓更有趣；⑦某些时候我喜欢在度假时做一些有一点吓人的事情；⑧我讨厌被安排度假行程，因为那样做，会失去一些不期而遇的机会

[①] Dann M S. Anomie, Ego-Enhancement and Tourism[J]. Annals of Tourism Research, 1977（4940）:184-194.

维度	指标
改变常规 （change from routine）	①我最想去能够遇见以前没有遇到的事情的地方；②我喜欢体验不一样的环境；③我在度假中喜欢体验一些与我居住地不一样的风俗习惯；④我希望在我的度假中有一系列的发现；⑤我希望在度假中感受到新鲜而不一样的东西；⑥我希望能有更多的人到旅游目的地去探寻新鲜事物；⑦我很乐意在度假中进行探索活动；⑧我想去具有冒险性的地方
避免无聊 （boredom alleviation）	①我想去旅游的原因是重复的工作让生活变得索然无味；②我想用旅行去释放情绪；③我偶尔出行就是为了避免沿着相同的轨迹走
惊喜 （surprise）	①我讨厌被安排度假行程，因为那样做，会失去一些不期而遇的机会；②我喜欢事先不做打算就出发的旅行

（二）人口统计学特征与求新动机

旅游动机属于社会心理范畴，随个体差异而变化。Zhang 和 Peng（2014）采用方差分析方法研究人口统计特征对旅游动机推拉因素的影响，认为性别上不同对旅游动机的影响有差异。Rittichainuwat 和 Rattanaphinanchai（2015）以影视旅游者为研究对象研究旅游动机在人口统计学特征上的差异，发现女性在影视旅游的旅游动机相比男性来说更强烈。

对求新动机而言，在人口统计学特征上同样存在明显差异。Jeong 和 Park（1997）将年龄分为年轻组（17～30岁）和年长组（30岁以上），研究结果显示年轻人的求新动机明显高于年长组，且男性的求新动机相较女性更高。

（三）求新动机与重游意愿

求新动机与重游意愿密切相关，重游意愿在不同时期受求新动机影响显著不同。Feng 和 Jang（2007）指出短时期内求新动机并不能改变重游意愿，但是求新动机能够恢复重游意愿或重拾重游意愿。Assker 等（2011）认为随着时间的推移，求新动机阻碍重游意愿形成的能力越来越弱，而且求新动机促进满意度的形成，进而影响重游意愿。既往研究显示重游意愿的形成过程受案例和样本影响较大。例如 Feng 和 Jang（2007）以加拿大为案例地，研究发现短期的重游意愿受满意度影响大，而中长期的重游意愿受满意度的影响不显著；而 Bigne 等（2009）以西班牙为案例地，研究表明，满意度对短期的重游意愿影响不显著，对长期的重游意愿起促进作用。研究差异导致很难提出形成重游意愿普适的机制理论，也意味着重游意愿机制的形成会受一些其他变量的影响，导致变量不同，游客重游意愿形成的机制也不同。

Keaveney（1995）研究发现，在具体情境中，受到求新动机的作用，旅游者即使得到了满足，但并没有产生重游的意向。即求新动机可能在重游意愿的形成中起到调节作用。Assker 和 Hallak（2013）采用聚类分析法，以求新动机大小为标准把旅游者分为三类，检验其重游意愿形成机制。结果发现，求新动机大小在重游意愿形成过程中的影响显著程度存在一定的差异性。本书在这里论证了求新动机在重游意愿产生过程中的调节作用。国内对重游意愿形成机制的研究往往忽视其形成过程中的重要变量。毛小岗和宋金平（2011）对重游意愿和旅游动机做了深入研究，发现求新求异动机在影响重游意愿的形成过程中起到重要作用。许春晓和朱倩（2011）指出求新动机仅对短期重游意愿具有调节作用，但是，以满意度为中介，求新动机对各个时段的重游动机均具有促进作用。

第五节　小结

本章围绕研究主题进行了文献综述，分别对民宿、民宿特色、民宿住宿体验、再宿意愿、求新动机等展开梳理与归纳，为后续变量研究提供有力的理论支撑。文献综述的核心在于回顾和梳理既有文献，了解研究进展及发现不足，进而体现本书的重要性和创新性。本章对现有文献进行了深层次研究，发现已有研究的缺陷，为本书的研究指明了方向。

（1）民宿特色相关研究甚少。目前，国内外就民宿特色的研究相当匮乏，已有研究多关注主题酒店和特色公园游客数据，而对民宿的研究甚少，且缺乏结合中介变量和调节变量进行更加深层次的研究。目前学术界对酒店特色的理论研究相对缺乏，尤其是新兴的住宿业态——民宿。虽说关于主题酒店的研究相对成熟，但是由于研究背景及住宿业态的特殊性，不能照搬借鉴主题酒店的研究成果。

（2）民宿住宿体验的动态研究有待加强。在民宿住宿体验研究中，多数是针对旅游者的静态体验研究，即仅对旅游者住店中的体验进行探究，甚少涉猎住宿体验的动态性，即入店前、住店中和离店后全过程的住宿体验。也就是说，旅游者在民宿住宿中产生的体验是分阶段的，不同阶段的住宿体验对再宿意愿的影响是不一致的。Zhang 等（2018）在研究民宿住宿体验时采用动态跟踪的方式对顾客入店前、住店中和离店后整个过程的体验展开探究。相对来说，动态体验比静态体验更具说服力和科学性，这对于旅游者的再宿意愿有着重要意义。

（3）民宿顾客体验的影响因素主要集中在环境和服务方面，对民宿文化的研究涉猎较少。民宿已经逐渐发展成为一个在地文化的展示窗口，民宿的人文因素是影响顾客住宿体验的重要因素。然而，现有文献多从民宿外在形象和周边环境方面研究民宿顾客体验，落后于民宿实践的发展，亟须进一步研究探讨人文因素对民宿顾客住宿体验的影响以全方位多角度了解顾客住宿体验的诉求和满足状况，提升民宿顾客体验。

（4）民宿特色对住宿体验的研究有待深入。住宿体验伴随旅游者住宿的各个阶段，因此学者们普遍认为住宿体验是民宿研究的关键要素。并且现有文献指出影响住宿体验的因素很多，其中民宿的特色是要素之一。然而，既有文献甚少有关于特色民宿与住宿体验的相关研究。随着体验经济和休闲旅游的发展，旅游者越来越注重民宿特色，民宿特色成为旅游者选择民宿的重要因素之一。故研究民宿特色对住宿体验的影响具有深刻的理论价值和实践意义。

本章对民宿、民宿特色、住宿体验、再宿意愿等与本书相关的概念和领域进行回顾和梳理，厘清现有的研究体系和内容，发现如下研究不足和缺点。

（1）通过对民宿的研究成果进行回顾和整理，包括国内外民宿发展现状、民宿概念、民宿特色研究，发现国内对民宿的旅游学研究相对薄弱。作为新兴产业，国内民宿产业起步晚，多借鉴国外经验，本土化、异质化、特色化民宿研究相对匮乏。基于此，民宿的本土化经营与符合国情的游客体验需求难以满足。

（2）对民宿住宿体验已有研究多集中在民宿周边环境及民宿经营者提供服务等方面，本书聚焦旅游者与民宿经营者互动产生的住宿体验。以民宿为主体，探讨游客在民宿中住宿体验形成的因素，以丰富民宿住宿体验的理论研究。

（3）以民宿特色为研究重点利于满足当下民宿游客体验需求。游客通过与民宿物和人的互动产生体验情绪，但是体验感作为一个抽象概念难以直接得出结论。因此，细分民宿特色维度，通过对各维度符号的体验更能具象把握游客对特色民宿产生的体验情绪，从而把握提高其再宿意愿的方向。

第二章　基于网络文本的民宿特色对顾客再宿意愿影响的质性研究

旅游学界对民宿住宿体验的研究多采用量化研究的方式，量化研究能够直观准确地呈现调查结果。但是，质性分析的主要表现形式——在线点评是基于游客所见所闻，通过交互平台，表述实实在在的体验和感悟，素材是多元和真实的，具有较强的代表性等特征，能够反映出当事人的真实态度和情绪。因此，质性分析能更准确地反映出旅游者的实际情况，从而更加客观公正地反映旅游者在旅游过程中所发生的事件和行为。质性研究一定程度上弥补了定量研究的缺陷。本书通过质性研究和量化研究相结合的方法，验证了这一结论。

第一节　研究设计

一、研究方法选择

（一）扎根理论基本介绍

建立游客民宿体验评价模型其实是探讨"哪些因素是影响游客对民宿旅游目的地体验的最重要因素"。不同民宿游客对该问题的解答存在分歧，需多渠道收集大量游客意见并加以概括，总结与提炼才能最终形成共识性结论。这种带着疑问从原始资料出发，最后形成理论观点来解决问题的思维方式正好与扎根理论[1]研究逻辑相吻合。扎根理论是一种有科学程序且易于操作的质性研究方法，由

---

[1] 扎根理论分为三个流派：经典扎根理论、程序化扎根理论、建构主义扎根理论，其中，程序化扎根理论是目前最常用的扎根理论方法。

Anselm Strauss 和 Barney Glaser 两位学者共同发展出来，此后逐渐完善。该理论认为，人们通过对经验和知识的收集、整理、分析来构建自己的理论体系。这一办法在研究问题的初始，从对现实的观察直接入手，从原始资料中归纳出概念、类别，又从这些观念出发将其提升到理论的高度，这是一种从下往上建立理论的方法，又是一种自上而下的建构理论，即从现象到本质的演绎式思维方式。它的特点是持续质疑，重复对比，在分类和联系之间建立联系并发现理论，它强调的是"找到逻辑"，而不是"验证逻辑"。它以其特有的开放性特征成为当前应用最广泛的质性分析方法之一。为此，运用扎根理论对所收集内容文本展开质性分析，可避免实证范式中经验性观念或者预设性理论模式"格式化"地限定所使用的资料以及所得出的结论的范围。

（二）旅游者网络评价研究基本介绍

本书对游客民宿体验网络评估之研究，在于了解游客综合体验感受能否产生再宿意愿，或各因素对游客再宿意愿有多大影响。该理论认为，人们通过对经验和知识的收集、整理、分析来构建自己的理论体系。由于在线点评是旅游者在其所见所闻的基础之上，通过交互平台，表述实实在在的体验和感悟，素材是多元和真实的，具有较强的代表性等特征，能够反映出当事人的真实态度和情感。因此，基于网络评论数据，可以更直观地观察到旅游者对旅游目的地和服务人员的满意情况以及游客的满意度如何影响旅游者的再宿率。基于此，作为了解游客事后情绪的一种研究方式，对网络评价的研究已逐渐被学界所认同。王汝辉等（2013）通过抽取四川丹巴甲居藏寨游客留言文本，发现游客对于乡村旅游有着不同的喜好。方世敏、刘娟等（2017）搜集携程网、马蜂窝网用户发布的有关红色旅游游记，以及旅游体验感受，研究发现，红色旅游者旅游体验可划分为景观感知、自我体验与自我超越三个层次；红色旅游高峰体验主要分布在井冈山、延安、上饶等国内知名红色旅游景区，在游览时一般不会产生消极情绪；自然风景、故居、文物等为红色旅游者在出游时凝视程度高的对象。胡传东（2015）通过查阅在线旅游的历史，分析了景区线路的乘车体验特点，研究发现，骑乘者的主观认知与身体状况基本一致，高峰骑乘体验与高凝视区大致相同。此外，王玲等人（2017）通过 Airbnb 上的游客网络信息来分析游客体验，他们发现，城乡民宿的正向认知因素是一致的，主要表现在地理位置、自然环境、文化环境以及民宿特征与民宿互动的关系等方面。消极因素包括住宿费用高、服务人员服务态度差、环境污染严重、硬件设施不达标、交通拥堵等。此外，配套设施、卫生条件等负面认知因素也存在差异，这些因素是导致旅游者对城市民宿体验负面认知的主要因素。对乡村住房的负面看法受到地理位置、基础设施和配套设施的影响。由于非真实姓名和在线评论，旅客可以更真实和不受影响地表达他们的旅行体验。可以说，旅游网络评价是一种很好的体验研究材料，已经成为学者们公认的研究对象。

网络评价不仅反映了游客的住宿体验，也影响了其他潜在游客的再宿意愿。李丽、张杰捷径（2013）认为，在互联网技术与旅游营销融合的今天，旅游者对互联网信息的评价会影响旅游者对互联网信息的参与程度，继而对旅游者旅游决策产生影响。本书则以在线评论为切入点，探究了在线评论中所包含的不同类型信息在游客旅游感知上产生的差异及作用机制。赖省强（2011）运用多元回归方法，研究网络评价对旅游者旅游意愿的影响，认为网络口碑值、图片数和景区接待人数有显著正相关，但点评得分和景区接待人数质量之间没有显著相关。其在此基础上进一步探讨了消费者感知价值、旅游网站知名度和网络口碑值对游客满意度及忠诚度的作用机制。伴随着网络营销在旅游行业中的蓬勃发展，网络营销渠道成了运营商们竞争的一个全新平台。通过参考网络口碑可以使消费者了解到更多有关民宿的信息，从而增加他们在网上预订民宿的意愿。所以，提升网络口碑有助于吸引潜在旅游者，而改善口碑的有效方法是增强游客体验。

由此可以看出网络评价对于经营者了解游客体验感受是一种有效的方式，并为潜在消费者提供了一个参考平台，以吸引消费者。针对本书，网络评价对游客民宿经验感受，甚至民宿再宿意愿之塑造皆有效。

（三）内容分析法基本介绍

内容分析法的研究对象为文献的内容，它用比较规范的方法读取文献内容，并将大量的文献信息有序地、量化地表达出来，不仅包括文献中的显性信息，还包括潜在的或者隐含的信息。（陈维军，2001）。纽曼（2007）将内容分析法界定为对文章内容进行收集和分析的技巧，能呈现那些在文献中难以挖掘的资料。它是一种以科学理论和实践相结合为基础的科学研究方式。邓津、林肯等（2007）认为内容分析假定：在这些传播的资料中所发现的行为模式、价值观念和态度，反映并影响着创造和接收这些资料的人们的行为、态度和价值观。除了信息本身的内容外，内容分析还被用来研究信息发出者的动机以及信息传播的效果或者影响。它将文献视为有机的整体，全方位地对其进行剖析。内容分析法是一种以信息科学为基础的方法，主要运用于社会科学领域，如政治学、社会学、心理学、人类学、法学及经济学等等。内容分析法是新闻学和传播学研究的常用方法。

如今，旅游研究正处于繁荣时期，内容分析法也被广泛用于旅游学研究中。内容分析是一门学科，但它作为一种具体而实用的工具又具有非常重要的意义。内容分析法是把旅游问题变成特定的语言符号，并将其展现出来，从而揭示旅游者的真实思想和情感，具有解释力强和针对性强的特征。它可以用于解读旅游研究中不同主题下的各种复杂关系及现象。在旅游研究方面，国内很多旅游学者使用该方法对文本进行加工。李勇（2018）等人运用内容分析法，以携程问答社区旅游网站中九寨沟景区的旅游问答信息文本为研究对象，研究旅游者对于九寨沟旅游信息的需求特征。王华、郑艳芬等（2015）运用内容分析法，对我国旅游法律法规条文中有关社区旅游参与权利的条款进行剖析，调研发现，社区参与旅游开发的权利仍缺乏法律的保障，且社区参与的主体地位在法律法规层面上尚未确立。胡芬等（2016）运用内容分析法，就乡村旅游地微信公众号的宣传文本进行调查，结果发现，不同乡村旅游地微信营销策略可分为形象积极型、收益积极型等4种。国内学者大多从社会学视角出发来进行乡村旅游的研究，而从传播学角度开展乡村旅游相关问题的研究则相对较少。国外学者Swetnera、Andre和Alastair以旅游目的地形象为研究对象，说明内容分析法新的应用途径，论述了内容分析法的优势和劣势，以及在旅游研究中的推动作用。国内学者则主要从传播学角度出发，结合理论分析和案例研究来探究内容分析法如何被运用到旅游实践活动中。可以说内容分析法在旅游学中被运用得相当成熟，并且得到了国内外学者们的共识。因此，本书尝试通过运用内容分析法，结合民宿符号理论及游客体验理论，探究民宿住宿体验效果评价指标。作为质性资料的研究手段，内容分析法满足了本书网络评价文本的需要，以此，可以进一步证实本书的结论，从而保证了本书成果的科学性。

二、研究思路设计

为保证质性研究的科学、合理，本书本着严谨的学术精神制定了详细的研究方案和路径，质性研究的过程严格按照方案实施。第一，依据研究主题，大量查阅和梳理相关文献资料，确保理论扎实性，在理论基础上，提出本书的问题；第二，采取恰当的方法，遵循原则，选取适宜的网络文本资料，收集数据；第三，对收集的数据资料进行网络高频词分析；第四，对数据资料进行逐级编码，编码是质性分析的重要环节，研究对编码形成的范畴进行归类、命名，构建各范畴之间的逻辑联系，生成初步的理论；第五，对于获得的初步理论，遵循去伪存真、去粗取精的原则进行加工，并进行饱和度检验，抽取、整合质性研究结果，达到理论模型构建的目的。若理论尚未饱和，则需要继续采取原始数据资料，并重复上述步骤，直至理论达到饱和，具体如图 2-1 所示。

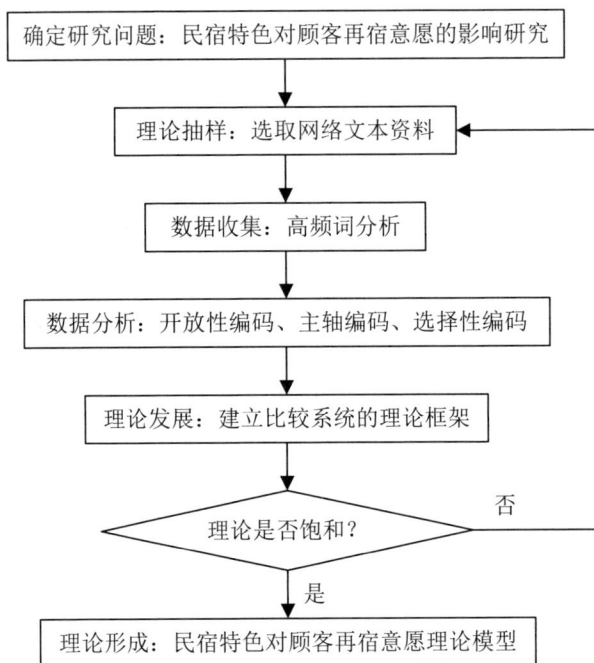

图 2-1　质性研究思路图

第二节　数据收集

一、网络评价文本收集
（一）分析目标
分析旅游者对民宿入住体验的网络评价主要有三个目标。

第一，通过事后的情感回顾，在了解旅游者经历之后，进行综合分析。网络评价是在游客完成旅游行程之后，通过全程回顾所形成的一种全面的感知。旅游者在旅行过程中经历了许多事件或情景，这些事件或情景会随着时间推移不断变化和发展，进而产生不同层次的体验感受。阶段性的体验感受是在刚刚经历了一段旅游行程之后形成的，仅针对已发生的阶段，有时间限制。通过主观判断与客观分析相结合，确定影响旅游体验感知程度的主要影响因素。就体验感受形成过程而言，旅游者的情感正逐渐成形，诸多影响因素还处于博弈之中，还不够稳定。同时，由于受到各种因素的制约和干扰，旅游者往往难以控制好自己的心态和情绪。甚至，游客在旅游时产生的误解也会导致糟糕的经历，但是误解解除之后，体验感受也可以再一次转变。同时，阶段性体验感受也存在一定程度上的随机性和模糊性。总体来看，阶段性体验感受随游客体验过程发生改变且存在波动性。因此，旅游企业可以根据不同时期对旅游者体验过程及效果的感知情况来判断自身是否存在偏差和不足，并及时调整经营策略。相比较阶段性体验感受的不确定，网络评价可以体现游客在评价住宿各阶段的整体体验感受，既有稳定性，又有问题的指向性。因此，旅游企业应通过建立完善的评价机制来引导消费者对其后续行为做出评价。经营者可以从中认识到自身的不足并加以改善，好的地方予以加强。游客通过旅游网站留下大量的评论信息，这些评论可以成为旅游者感知目的地环境、获得相关信息等方面的重要线索，为后续行为决策提供依据。因而，借助网络评论可获取旅游者最终的体验感受，由此认识引发再宿意愿产生的因素与环节。

第二，把握好与游客感情强相关的特定因素，验证问卷调查的结论。以获得游客整体体验感受为前提，进一步探究影响游客体验感受和再宿意向的因素。但并不是所有的影响因素均值得作为研究的对象，因而筛选与再宿意愿具有强关联性的体验要素成为一项重要研究任务。通过得到强关联性要素，可对问卷调查实证分析结论进行检验。

第三，对游客再宿意愿的形成机理进行分析。再宿意愿之形成，受到民宿入住经验历程之影响。另外，再宿意愿生成还受民宿自身因素和外部环境因素等多重影响，这些都会使游客再宿动机发生变化，进而影响再宿行为的发生。游客由接触到新奇的产品，享受舒适的服务，直至产生愉快的体验情绪，是个动态的过程，这一过程有助于旅游者提高对民宿的忠诚度，由此萌生再宿意愿。同时也有助于经营者在经营管理中根据不同时期的再宿率进行调整，以提高民宿经济效益和社会效益。所以，全面了解民宿特色，增强游客忠诚度的产生机制，能够促使体验感、再宿意愿得到升华。总之，在对旅游者关于民宿住宿体验评价进行了深度分析之后，本书希望能深入了解旅游者再宿意愿之形成机制、对再宿意愿强关联因子和重要形成阶段，由此为经营者针对民宿优化、培养游客的再宿意愿提供相关的策略。

（二）分析过程

内容分析法的实质是把质性资料进行量化处理的研究，其中可采用的分析方法较多，但是从分析的目的看，本书对于网络文本的分析采取了两种方式：一种是使用 Rost CM6 软件对高频词的分析，另一种是以内容分析法为主的文本编码分析，具体程序如下：①对特色民宿的网络评论进行采集和处理；②分析高频词的特点，得出旅游者对于特色民宿的感受；③以扎根理论为基础，对于收集到的评论文本，先采用开放式编码进行概念化获取初始化范畴，再利用主轴编码抽取主范畴，最后，采用选择性编码的方法抽取核心范畴。

（三）样本处理

本书采用理论抽样的方法进行网络文本收集，以"Airbnb 的民宿精选故事集""去哪儿网""莫干山民宿"排名前 30 的民宿游客评论作为样本数据。Airbnb，目前世界上最大规模第三方民宿预订及旅游短租平台，已经涵盖了全国的大部分区域，房源日益丰富，成为游客预订民宿的主要通道之一。因此本书利用网络爬虫技术，根据时间优先原则，每家民宿选取 20 字以上的 300 条旅游者留言，网络评价的样本总量为 9 000 条。由于网络留言的随意性和非标准性，本书在不改变留言内容的基础上对留言进行了统一处理：①剔除评价信息不完整或者无参考意义的留言，以保证样本的科学有效性；②删除商业广告宣传类评论；③删除与特色民宿评价无关的评论；④剔除内容重复的评论。依据该标准进行筛选后，共得到有效评论 8 732 条。此外，为保证文本的科学性和准确性，对筛选出来的文本进行了预处理：①把英文评论翻译成中文，例如将"excellent"翻译成"棒极了"；②将意思相近或相同的词语进行合并，例如"宝宝""孩子"统称为"小朋友"；③删除不涉及评价内容的标志如表情符号、标点符号和图形符号；④剔除与内容无关的无意义词汇，例如，代词、冠词、介词、助词等，加入过滤词表。最后，对过滤筛选处理后的有效评价进行正式分析。

二、高频词分析

以体验感受两极模型为基础，体验感受是在幸福—苦难中分配的，引发幸福的源泉是"闲逸，归隐，身份与发现"，引起困难的基础是"忧虑，烦躁，厌恶，忧伤"。因此，网络评价可以反映人们对现实社会中事物与行为的主观态度及情感倾向（谢彦君，2006）。据此，本书把网络评价划分为正面评价与负面评价，并分别对其统计分析，由此，与正负体验感受影响因素和两者共同影响因子相对应，验证再宿意愿之各项体验因子。根据网络评价的分布情况，好评率一般都大于差评率，因而本书总样本由 6 297 条好评和 2 435 条差评构成。为了避免重复计算，对所有评分结果均采用了分词法处理。删去"这样""这家"等没有含义的词，保留有实质性意义的词语。如表 2-1 所示，因样本量不同，正面评价高频词较负面评价多。

（一）正面高频词分析

中国民宿已进入成长期，民宿功能日渐多元化，民宿主功能均能达标，而民宿特色作为民宿附加功能，甚至成为民宿竞争的根本。与一般观光旅游者、休闲度假者比较，民宿游客更加趋向于对不同生活方式进行个性化体验，寻求精神世界上的满足感，所以，民宿最核心的魅力也是民宿特色。正面评价高频特征词显示，"特色"是出现相对频繁的词汇，说明游客对民宿的预期不再局限于基本功能，更追求附加功能。"位置""装潢""建筑""观景"等排名前 10 的高频词也是与特色紧密关联的附加功能。"热情""出色""礼貌""房东"等高频词的出现反映了民宿经营者的态度和提供的服务等良好印象是民宿特色体验的一个重要环节。游客带着好奇和陌生感进入民宿，民宿为游客提供新颖的产品和舒适的服务，以期给游客留下好印象。民宿作为一种有温度的旅游体验，主客互动是"有温度"的重要表现。"主、客生活在同一屋檐下"是民宿的重要特点之一，生活化的旅游情境，就是旅游者对主人所传达的生活态度与生活理念的一种体验，即领略当地居民的生活方式，以及各具特色的地域文化。"优美""安静""方便"等词都是游客对民宿选址的良好评价，说明游客选择民宿的要素之一是民宿的选址。总体而言，民宿的选址决定游客入住的便利性和舒适性。"传统""迷人"和"奢华"等词是游客对特色民宿在建筑方面的需求。对游客而言，房间是其停留在民宿时间最多的地方，因此民宿装修是体现民宿特色的另一个指标。"装修""布置""摆设""设计"等是装潢呈现给游客民宿的特色符号。"服装""方言""早餐"真实地反映民宿当地文化特色。由"做饭""聊天""烧烤""户外休闲"等词可见,民宿结合当地特征,组织满足游客需求的活动也是民宿特色的体现。民宿经营者以举办各类社交体验活动为载体,引导旅游者感受地方风土人情,营造主客融合同乐式社交环境。游客与主人之间不再仅是物质的交易关系,更是有情感和精神层面的交融,让游客感受到家的温暖;不同游客之间打破年龄、性别、社会地位等隔阂,自由平等地分享自身的经历和故事,享受单纯美好的人际关系。比如莫干山民宿"品牌""高端""环保""房间图书馆""室内 SPA"等是其高端品牌价值的呈现,个性化的服务和多样化的娱乐设施满足了新一代游客追求高端、自由、展示自我的需求。高频词内容表达的品牌、建筑、装饰、服务、活动等从不同方面呈现民宿特色。"愉快""安心""无忧""舒适""自在"等高频词体现游客的积极情绪,正面评价是游客形成愉悦体验的表现,游客对民宿产生认同,有利于游客忠诚度的提升,形成再宿意愿。

（二）负面高频词分析

通过比较旅游者对莫干山住宿的负面评价,可发现影响其消极体验的关键因素存在差异性。旅游者对特色民宿负面体验的主要影响因素有民宿活动、地理位置和预期与真实体验的差异。在民宿活动方面,"单一""差""乏味"是游客对民宿活动的反面评价。受限于能力、专业知识、认知等因素,民宿经营者组织活动千篇一律,缺乏趣味性、交际性,游客难以通过活动感知当地文化特色,体验地域人文风情。在地理位置方面,"不便""不好找""远"亦是影响游客体验的重要指标。受当地地形和环境影响,多数民宿为追求所谓特色或是独特的建筑风格,选址于距离市区较远的位置,游客对当地不熟悉,导致交通不通达和生活不便利。此外,"不到位""不一致""达不到"等特征词成为一个重要的评价信号,呈现的是预期体验与后续入住体验差异的真实性判断。例如,"建筑风格完全不是网络上宣传的那样""民宿提供的饮食与宣传的完全不一致""房东组织的活动不是我期望的,糟糕的一次旅行"等,这些评语侧面反映民宿经营者参差不齐的素质和专业能力。消极的入住体验不仅形成负面的体验情绪,也进一步弱化了旅游目的地对游客的吸引力,不利于再宿意愿的形成。

表 2-1　顾客对莫干山民宿体验高频特征词

正面评价						负面评价	
特征词	频次	特征词	频次	特征词	频次	特征词	频次
特色	5 982	装修	5 623	愉快	8 650	单一	157
位置	7 328	布置	3 789	安心	4 699	差	92
装潢	6 034	摆设	6 548	无忧	1 058	乏味	102
建筑	5 647	服装	2 517	舒适	6 510	不好找	223
观景	5 233	方言	4 766	自在	2 567	不便	124
热情	3 970	早餐	1 879	推荐	4 712	远	193
出色	3 657	做饭	1 754	网络	1 672	不到位	147
礼貌	3 324	聊天	2 578	民宿	9 051	达不到	173
房东	3 048	烧烤	1 244	体验	8 437	不一致	149
温度	2 694	户外休闲	1 678	好吃	3 022	糟糕	204
优美	2 631	品牌	3 549	简单	1 820	怠慢	88
安静	2 399	高端	2 657	放松	7 036	迟缓	164
方便	2 365	环保	4 659	茶室	2 038	不值	159
传统	2 015	房间图书馆	1 543	风格	4 819	潮湿	205
迷人	2 007	室内 SPA	2 067	享受	5 028	景色	87
奢华	1 767	活动	4 075	当地	5 831	劳累	93
下次	6 875	贴心	1 309	人员	1 600	郁闷	257
温馨	4 365	宽敞	6 709	齐全	1 025	设施	167
新颖	5 970	周边	5 828	晚餐	2 048	环境	132
性价比	2 867	选择	4 803	免费	2 643	地方	184
风格	3 651	酒店	1 780	老板娘	1 639	半夜	73
出行	5 619	用品	2 789	饭菜	4 964	空调	69
前台	1 902	感谢	6 032	阳台	1 489	声音	108
值得	6 018	舒服	7 730	特别	6 267	卫生	82
朋友	4 811	周到	5 963	院子	1 581	空调	71

第三节　数据分析

在研究方法中引入"质性"这一术语，将其与量化分析方法相结合。扎根理论分析就是对质性资料进行认识和界定。它要求研究者在深入了解问题之后，运用自己掌握的知识和经验去获取新的观点，形成一个完整的理论体系，然后再加以检验与修改。扎根理论有开放性编码、主轴性编码与选择性编码 3 个层次，编码就是将文本资料自下而上浓缩归纳的过程，所得概念、类属形成质性分析框架，经过不断对比、分析与演绎得出结论。

一、开放性编码：概念化即初始范畴

开放性编码就是对样本数据抽取概念，初始化类别。首先，对收集到的网络留言整理分析，分解文本资料，提取出评论中与民宿特色相关的句子，划分每句话的主要内容，并定义现象；其次，对划分的内容进行概念化，这些概念的产生是文本语义的自然呈现。开放性编码的形成过程，要求用开放的心态进行，尽可能完整地将找到的概念完整列出。

在软件 Nvivo 11 的支持下，逐句对评论留言进行概念化，抽取文中需要的"自由节点"。通过计算网络中边权重与总距离，发现一些潜在语义关系，并据此构建出原文中出现频率较高且能代表评论者观点的实体。在此过程中考虑到受研究者的主观影响也许会掺杂自己的思想或者情感，故要求在研究中使用评论原话或者自己的语言来"标签化"原始数据，获得真实有效理念。此外，将频次低的概念和前后矛盾的概念剔除，保障编码过程的严谨性和科学性。对不同类别间概念进行对比，得到了不同类别的概念关系。由于初始概念层次不够且数量多而杂，原始数据在概念上有某种重叠，所以，需要按照原始概念中潜在的关系，不断地梳理和分析，将网络文本与抽象概念同质整合，实现概念分类，最终形成 32 个范畴（A1—A32）的编码结果，如表 2-2 所示。

表 2-2　开放性编码结果

编号	初始范畴	概念化
A1	品牌意识	a1 高端；a2 环保
A2	主题概念	a3 主题；a4 文化
A3	民宿形象	a5 地方形象
A4	宣传口号	a6 宣传；a7 口号
A5	内部环境	a8 民宿氛围；a9 卫生状况
A6	外部环境	a10 周边环境；a11 地理位置
A7	建筑风格	a12 建筑设计；a13 外观
A8	装修设计	a14 装修风格；a15 内部设计
A9	物品陈设	a16 工艺品；a17 摆设
A10	民俗艺术	a18 服饰；a19 语言；a20 艺术展示
A11	基础设施	a21 硬件设施；a22 娱乐设施
A12	交通状况	a23 便利；a24 便于寻找
A13	饮食	a25 特色美食
A14	服务质量	a26 温暖；a27 周到
A15	特色服务	a28 个性化服务
A16	民俗活动	a29 观看演出；a30 比赛
A17	提供服务	a31 推荐攻略；a32 路线指引
A18	相互交谈	a33 结交新朋友
A19	体验项目	a34 挖笋；a35 采茶
A20	分享故事	a36 社交分享；a37 拍照
A21	身份互换	a38 倾诉；a39 礼物交换
A22	新奇	a40 机器人；a41 超出预期
A23	独特	a42 智能生活
A24	身体舒适	a43 泡温泉；a44 阳光照射
A25	生理舒适	a45 看电影；a46 喝茶看山景
A26	心理舒适	a47 逃脱压力
A27	快乐	a48 开心的体验；a49 美好句点
A28	满足	a50 给好评
A29	重宿	a51 再次入住
aA30	正面口碑	a52 推荐他人；a53 网络好评

表 2-2（续）

编号	初始范畴	概念化
A31	新鲜感	a54 摆脱枯燥；a55 避免无聊
A32	冒险精神	a56 探险；a57 寻求惊喜

对民宿特色网络文本数据进行整理和分析，罗列开放性编码过程，如表 2-3 所示。

表 2-3　开放性编码过程

网络文本示例	概念化	初始范畴
别墅高端大气，装潢品位高雅，房间面积很大，简约大气，感觉很好；这里的房间据说都没有使用油漆，是青瓦、白墙、木头的组合	a1 高端；a2 环保	A1 品牌意识
这家民宿隐藏在莫干山小村子里，一点都不起眼但是进入后能感受到设计师在建筑和室内细节上吸纳了房子曾经的旧和慢；这家民宿给我的感受就是为了喜欢文化艺术和回归本真的客人打造的吧	a3 主题；a4 文化	A2 主题概念
民宿是由旧校舍改造而成，选材都是黄泥、黑瓦、翠竹等源自大自然的材料，低调、朴素、环保有地域特色	a5 地方形象	A3 地方形象
一日不见，如三月兮；最温暖的民宿；这家民宿每一处细节都能呈现它的主题，不枉此行	a6 宣传；a7 口号	A4 宣传口号
民宿温馨简单，每一个小细节都做得很好，能深切感受到房东传递的温暖和爱；民宿的姐姐很认真打扫房间，每个角落都没有灰尘，还会特意按照个人意愿消毒	a8 民宿氛围；a9 卫生状况	A5 内部环境
民宿位于莫干山四百多年历史的西芩古道旁，隐于山坞野间，两层小楼在竹林间若隐若现；别墅地理位置优越，很安静	a10 周边环境；a11 地理位置	A6 外部环境
在这里可以看到很多欧式建筑，是我喜欢的风格；这是一家百年老房改建的民宿，非常有历史气息	a12 建筑设计；a13 外观	A7 建筑风格
整个民宿是传统的欧式装修，装潢品位高雅；温暖的民宿，每一处都体现老板的精心设计	a14 装修风格；a15 内部设计	A8 装修设计
民宿配备了很多不同的休闲场所，在布艺手工坊可以跟老师学小手艺；房间古色古香，连洗手台都是石头堆砌的	a16 工艺品；a17 摆设	A9 物品陈设

表 2-3（续 1）

网络文本示例	概念化	初始范畴
连老板都穿着跟服务人员一样的衣服，统一着装显得很大气，没有选错；虽然民宿部分工作人员说普通话，但是我感觉挺好，方言听起来更亲切；前台的大屏幕一直播放湖州当地的特产、纪念品、美食、表演等，棒极了	a18 服饰；a19 语言；a20 艺术展示	A10 民俗艺术
很棒的别墅，有很多房间、宽敞的公共区域和游泳池，这间客房还配备了带电视的客厅；喜欢这栋房子，有非常好的花园、阳台、烧烤、游泳、室内图书馆等	a21 硬件设施；a22 娱乐设施；	A11 基础设施
别墅地理位置优越，靠近海滩，步行仅需 5 分钟即可抵达超市；我们根据别墅的定位导航过去直接到达别墅停车场，很满意	a23 便利；a24 便于寻找	A12 交通状况
民宿的菜做得很好吃，量也足够大，竹笋烧肉看着超有食欲，我们全部光盘	a25 特色美食	A13 饮食
每天早上房东阿姨都会做好早餐，询问客人是否需要送到房间，很温暖；房东细心了解客人目的地，推荐详细的攻略	a26 温暖；a27 周到	A14 服务质量
房东人超好，胃不舒服，会给我讲养胃小常识，还会提供胃药，很温暖	a28 个性化服务	A15 特色服务
民宿离芦花荡很近，看表演很方便；这次正好赶上莫干山一年一度的山地车山道极限赛道比赛，很有意义	a29 观看演出；a30 比赛	A16 民俗活动
房东人很好，我们去景区，会开车接送我们，而且推荐的路线很详细	a31 推荐攻略；a32 路线指引	A17 提供服务
我有严重的"社恐"，但是在这里结交的朋友都很友善	a33 结交新朋友	A18 相互交谈
跟着房东阿姨去山上挖笋，晚上回来做着吃，别有一番味道；房东带我们一起去茶园采茶、品茶，感受当地特色茶文化	a34 挖笋；a35 采茶	A19 体验活动
民宿老板准备了很多民国时期的衣服，免费提供给入住客人，为其拍照，还给我们讲述莫干山的历史故事，这种感觉棒极了	a36 社交分享；a37 拍照	A20 分享故事
老板人超好，我们喝着啤酒嗑着瓜子聊着天，相互分享着自己的经历，敞开心扉，希望老板的民宿越做越好	a38 倾诉；a39 礼物交换	A21 身份互换
没想到在民宿也能享受机器人服务，真是高端大气，让我很惊喜；住宿真的超级满意，超出预期很多	a40 机器人；a41 超出预期	A22 新奇

表2-3（续2）

网络文本示例	概念化	初始范畴
整个房间都是小爱同学控制的，开关门都能听到它的问好，电灯、空调、窗帘等都能控制	a42 智能生活	A23 独特
泡温泉真的太太太舒服了，而且水一直是热的，可以一边泡一边加热，太舒适了；早上会有阳光照进阳台和卧室，简直不要太舒适	a43 泡温泉；a44 阳光照射	A24 身体舒适
里面还有投影仪，玩累了回来可以躺在床上看电影，很舒服；坐在那里喝茶看外面的山景，非常惬意	a45 看电影；a46 喝茶看山景	A25 生理舒适
这次旅行让我轻松自在，真的能放下生活的不愉快，摆脱工作的压力	a47 逃脱压力	A26 心理舒适
这是一次非常开心的体验；谢谢房东给我的大学生活画下美好的句点	a48 开心的体验；a49 美好句点	A27 快乐
这次旅行全家都很喜欢，给个大大的好评	a50 给好评	A28 满足
房东阿姨人很好，给我们提供了很多额外服务，很温馨，虽然价格偏高，但下次来莫干山我还是会选择这家民宿	a51 再次入住	A29 重宿
这家别墅给我留下了美好的回忆，我会把它推荐给来莫干山的同事和朋友；房东姐姐很温暖，我很乐意在平台上留下好评	a52 推荐他人；a53 网络好评	A30 正面口碑
我选择来莫干山出行就是为了避免沿着相同的生活轨迹走；我想去莫干山旅游的原因是重复的工作让生活变得索然无味	a54 摆脱枯燥；a55 避免无聊	A31 新鲜感
民宿住宿时，我喜欢"大胆"的活动，有时候在活动中受些惊吓更有趣；我希望在度假中感受到新鲜而不一样的东西	a56 探险；a57 寻求惊喜	A32 冒险精神

二、主轴性编码：提取主范畴

主轴性编码属于关联式编码的范畴，它以初始编码完成为前提，将得到的初始范畴作进一步细化的步骤。主轴性编码的流程，需要借助 Nvivo 11 软件进行深入分析，在"自由节点"之间找到连接，抽象"树状节点"，确保能够更确切地了解研究对象，逐步展示类别之间的关系。在此基础上结合实例对其具体应用作进一步阐述，以不同方式来实现这一转变。归纳整理出开放性编码在概念类属上比较接近，通过归类与集聚，对提取主范畴反复推敲。本书通过分析32个初始的内容和内在关系，采取与开放性编码类似的方法进行分类命名，得出 16 个主范畴：整体印象、口碑、环境符号、美学符号、功能符号、服务符号、主客互动、人际交往、社交分享、新鲜感、舒适感、愉悦情绪、重宿、推荐、追求新奇、追求刺激。主轴性编码结果如表 2-4 所示。

表 2-4　主轴性编码结果

编号	主范畴	初始范畴
B1	整体印象	A1 品牌意识
		A2 主题概念
B2	口碑	A3 地方形象
		A4 宣传口号
B3	环境符号	A5 内部环境
		A6 外部环境
B4	美学符号	A7 建筑风格
		A8 装修设计
		A9 物品陈设
		A10 民俗艺术
B5	功能符号	A11 基础设施
		A12 交通状况
		A13 饮食
B6	服务符号	A14 服务质量
		A15 特色服务
B7	主客互动	A16 民俗活动
		A17 提供服务
B8	人际交往	A18 相互交谈
		A19 体验活动
B9	社会分享	A20 分享故事
		A21 身份互换
B10	新鲜感	A22 新奇
		A23 独特

表 2-4（续）

编号	主范畴	初始范畴
B11	舒适感	A24 身体舒适
		A25 生理舒适
		A26 心理舒适
B12	愉悦情绪	A27 快乐
		A28 满足
B13	重宿	A29 重宿
B14	推荐	A30 正面口碑
B15	追求新奇	A31 新鲜感
B16	追求刺激	A32 冒险精神

"整体印象"是指顾客对民宿品牌、主题的总体看法和评价；"口碑"是指顾客对民宿自身宣传文化和大众正向的评价；"环境符号"是指顾客对民宿内外部环境的评价；"美学符号"是指顾客对民宿中呈现的审美、艺术的评价；"功能符号"是指顾客对民宿提供的基础设施及交通便利情况的评价；"服务符号"是指顾客对于民宿所提供的不同于标准酒店的特色服务所给予的一种评价；"主客互动"是指顾客对与民宿主人及相关服务人员交流的评价；"人际交往"是指顾客通过入住民宿对与民宿主人及其他顾客交往关系的评价；"社会分享"是指顾客对与他人交往方式的评价。

三、选择性编码

编码的第三阶段，即选择性编码。选择性编码的功能是处理开放性编码和主轴性编码两个阶段得出的"初始范畴"和"主范畴"之间的关系，并进行系统分析，进而找到"核心范畴"的过程。核心范畴为贯穿联通文本资料起着决定性的作用，对所有的现象进行简明的归纳。通过深入剖析核心范畴编码，初步形成理论雏形，如表 2-5 所示。

表 2-5 选择性编码结果

维度	指标	
主题的特色	整体形象	品牌意识
		主题概念
	口碑	地方形象
		宣传口号
符号的特色	环境符号	内部环境
		外部环境
	美学符号	建筑风格
		装修设计
		物品陈设
		民俗艺术
	服务符号	服务质量
		特色服务
	功能符号	基础设施
		交通状况
		特色饮食
活动的特色	主客互动	民俗活动
		提供服务
	人际交往	相互交谈
		体验活动
	社交分享	分享故事
		身份互换
新颖体验	新鲜感	新奇
		独特
舒适体验	舒适感	身体舒适
		生理舒适
		心理舒适
愉悦体验	愉悦情绪	快乐
		满足
再宿意愿	重宿	重宿
	推荐	正面口碑
求新动机	追求新奇	新鲜
	追求刺激	冒险

本书于此证实先前之看法，即民宿特色与住宿体验具有多层次属性，具体到民宿特色的维度构成，本书基于特色民宿旅游场景，通过特色民宿网络文本的内容分析，提出民宿特色和住宿体验的三层次模型。

本书依据主轴性编码的结果，再次对编码内容进行提取和整合，构建各范畴之间的关系结构，通过核心范畴形成故事线，获取理论模型框架。本书以"民宿特色对顾客再宿意愿的影响"为核心范畴，再者，本书的"故事线"与Mehrabian-Russell 模型中的 S-O-R 框架吻合，因此可以参考 S-O-R 模型构建本书的理论模型，即民宿特色作为一种刺激因素对顾客再宿意愿产生直接的影响，同时能够通过影响顾客内在体验进而对顾客再宿意愿产生间接影响。本书中，刺激因素即民宿特色，是自变量；反应因素即顾客再宿意愿，是因变量；内在机体的状态因素即住宿体验，是中介变量。但是民宿特色的影响作用并不会对所有顾客产生相同的效果，存在个体差异。从前文对相关文献的追溯和梳理结果以及对网络文本的编码结果来看，民宿顾客的求新动机是调节民宿特色对顾客再宿意愿影响程度的潜在因素，可以用作调节变量。综上所述，各因素之间的作用关系如图 2-2 所示。

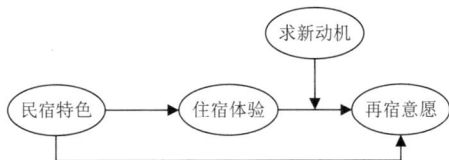

图 2-2 本书主要因素的关系与路径

以本书"故事线"与 S-O-R 模型的相吻合为基础，可以获得本书层级范畴的关系结构，具体而言，本书的主范畴有 5 种典型的关系结构（表 2-6）：①民宿特色对顾客再宿意愿具有直接的作用关系；②民宿特色对住宿体验具有直接的作用关系；③住宿体验对顾客再宿意愿具有直接的作用关系；④住宿体验在民宿特色影响顾客再宿意愿的过程中发挥着中介作用；⑤求新动机在民宿特色影响顾客再宿意愿的过程中发挥着调节作用。

表 2-6　S-O-R 理论模型层级范畴的关系结构

关系结构	关系结构的内涵
民宿特色→再宿意愿	民宿特色是顾客再宿意愿的直接影响因素，即主题的特色、符号的特色、活动的特色的强弱会直接影响顾客的再宿意愿的强烈程度
民宿特色→住宿体验	民宿特色是顾客住宿体验的直接影响因素，即主题的特色、符号的特色、活动的特色的强弱会直接影响顾客新颖体验、舒适体验、愉悦体验的强烈程度
住宿体验→再宿意愿	住宿体验是顾客再宿意愿的直接影响因素，即新颖体验、舒适体验、愉悦体验的强烈程度会直接影响顾客再宿意愿的强烈程度
民宿特色→住宿体验→再宿意愿	住宿体验在民宿特色对顾客再宿意愿的影响过程中发挥着中介作用，即民宿主题的特色、符号的特色、活动的特色对再宿意愿的影响通过顾客的新颖体验、舒适体验、愉悦体验发挥作用
民宿特色→再宿意愿→求新动机	求新动机在民宿特色对顾客再宿意愿的影响过程中发挥着调节作用，即求新动机能够提高民宿主题的特色、符号的特色、活动的特色对顾客再宿意愿的影响

四、理论饱和度检验

为了保证扎根理论研究范畴的信度和效度，对原始数据进行理论饱和度检验是非常必要的。为了测试和确保当前的研究质量，将保留后的网络文本进行饱和度检验，研究发现，编码节点均能从已有范畴内寻找到相应概念，选择性编码所得核心类别涉及民宿特色对顾客再宿意愿影响的关系，新样本再没有给出新的重要信息。所以，理论模型已达到相应饱和状态。

第四节　模型构建

一、模型框架的提出

本书以网络文本的原始数据为基础，通过扎根理论对原始数据进行编码分析，提炼整合出主范畴的内涵，基于 S-O-R 模型，设计各个变量之间的故事线，最终构建出民宿特色对顾客再宿意愿影响的理论模型框架，如图 2-3 所示。

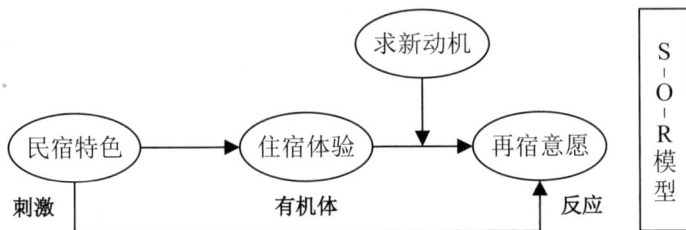

图2-3　理论模型框架

从S-O-R模型来看，在民宿旅游情境中，刺激因素是民宿特色，从前文的编码结果显示民宿特色包括主题的特色、符号的特色、活动的特色三个维度；有机体因素是指住宿体验，从前文的编码结果显示，住宿体验包括新颖体验、舒适体验、愉悦体验三个维度；反应因素是指顾客再宿意愿，即民宿特色的不同类型会影响顾客住宿体验从而提高再宿意愿的过程是一种刺激反应的过程，该作用机理与S-O-R模型理念相契合。

图2-3显示，理论模型的主范畴层面包括四大因果关系。直接关系即民宿特色与顾客再宿意愿的直接因果关系、住宿体验与顾客再宿意愿的直接因果关系、民宿特色与住宿体验的直接因果关系。间接关系有一个，即民宿特色与顾客再宿意愿的间接因果关系。模型中显示有一个调节变量，即求新动机，其在民宿特色对顾客再宿意愿的影响过程中起调节作用。

二、模型中变量的阐述

（一）民宿特色变量

基于网络文本资料编码，本书将民宿特色定义为：专注于某一特定文化、配备独特的主题设计、建筑和装饰以及独特的服务设施。对于民宿而言，民宿本身就反映了一种独特的旅游文化，民宿业态还拓展了以文化为主题的民宿，形成了个性化主题文化氛围，包括环境文化景观、室内主题文化元素、房客接待者言行、服饰等。依据前文数据编码结果，民宿特色包括主题的特色、符号的特色、活动的特色三个维度。主题的特色是指民宿依托当地资源，以某一特定主题来体现民宿建筑风格和装饰艺术，以及特定的文化氛围，让顾客获得富有个性的文化感受，使顾客获得知识、刺激和品牌意识。特色主题体现了民宿本身反映的一种独特的旅游文化，主题文化作为产品设计和服务创新的基础，通过展示其所体现的当地文化价值，为民宿创造独特的竞争力；符号的特色体现了顾客入住民宿所产生的感官刺激，即主要停留在对民宿视、听、嗅、触等感官接触中，是对符号外在形式的一种体验和情感激发；活动的特色是指顾客在特色民宿体验中所接受的一种有形和无形服务体验展示及延伸出的主客互动，它主要包括民宿员工和游客的交互、民宿推出的营销活动游客纷纷参与其中、游客和游客的交往，等等。

（二）顾客住宿体验变量

本书在前期理论和文献基础上将住宿体验定义为"游客入住特色民宿时，与民宿提供的产品、服务、环境等特征交互后所产生的系列情绪情感体验"。同时将住宿体验细分为：新颖体验、舒适体验、愉悦体验。新颖体验是指游客入住民宿期间体验到意外、惊喜和兴奋的情绪。游客在较短游玩时间内无法体验到民宿的所有方面，但是新奇的独有的特征是游客最先且最愿意捕捉到的体验。舒适体验是指游客在民宿体验中产生的畅快、舒服情绪。舒适体验不仅仅是身体上的舒适，顾客更加关注的是入住民宿整个体验过程中心理上的舒适。舒适体验让客人有宾至如归的感觉，进而更愿意再次选择该民宿。愉悦体验是指顾客在民宿的住宿环境中感到快乐和满足的程度。

（三）求新动机变量

求新动机，主要是指旅游者自身有探险的动机、创新和其他特征，商品可以为消费者提供满足他们对新奇的追求并推动消费行为。研究显示，出行的一大动机就是追求新奇。新奇在不同程度上刺激着旅游者的好奇心与求知欲，促使他们去体验新鲜事物并获得愉悦。新奇意味着个体以"惊喜""冒险""解闷"的方式，增添旅游乐趣。所以追求新奇旅游动机就是探索求异，强调旅游动机的丰富性。

（四）再宿意愿变量

本书通过整理相关国内外文献，将再宿意愿概念定义为"游客有过选择民宿这种住宿方式的经验并且愿意之后再次选择入住该民宿，以及向他人推荐民宿这种方式的主观意愿"。对民宿而言，再宿意愿就是顾客体验后，对该民宿再次入住意愿的倾向。

第五节　小结

本书选取 Airbnb 上莫干山排名前 30 家民宿的旅游者留言。采集特色民宿网络评论文本并基于采集到的网络文本对其进行高频词分析及扎根理论分析。以此确定民宿特色的三个维度和住宿体验的三个维度，即：主题的特色、符号的特色、活动的特色、新颖体验、舒适体验和愉悦体验。具体工作如下：

第一，制订了质性分析的流程和方案。为保障质性研究的流程都有据可循，规范了整个研究过程，明晰了方案研究思路和方法。关于本书的核心变量即民宿特色和住宿体验的质性分析采用程序化扎根理论方法和网络文本分析方法来进行。

第二，收集质性数据资料。运用网络文本分析法采集顾客在住宿期间对民宿特色的体验过程、体验结果以及在体验中的想法、感受等数据，为保障收集数据能够客观、真实有效地反映本书主题和内容，网络文本的搜集都严格遵循相关规范进行，最终获得 8732 条网络留言评论。

第三，分析质性数据资料。依据扎根理论方法对质性数据开展逐级编码，最终得出 28 个初始范畴，归纳出 12 个副范畴，精练出 5 个主范畴，抽取出民宿特色和住宿体验的维度，对理论饱和度进行了检验。

第四，构建理论模型。基于编码提炼整合的主范畴的内涵，结合 S-O-R 理论模型，初步构建了民宿特色对顾客再宿意愿影响的理论模型，为后文的定量研究做铺垫，该理论模型是否合理将由后文的实证研究进行检验。

第三章　民宿特色对顾客再宿意愿影响理论假设

第一节　基础理论

一、符号学理论

（一）符号学研究

20世纪80年代，符号学理论被中国学术界引用，随即在全国掀起了符号学研究的热潮。由于符号学特殊的性质，符号学理论被各个学科广泛应用，比如人类学、心理学、影视学等，用以解释各个领域学术现象，各学科符号学理论相继构建。

符号学理论的研究最早起源于19世纪，最权威和具有代表性的人物有瑞士语言学家 Saussure（索绪尔）与美国哲学家 Peirce（皮尔斯）。索绪尔（1980）指出所能（对形式的感知）和所指（对内容的感悟）的二元论概念；皮尔斯在索绪尔的基础上提出所能、所指和解释项的三角理论。皮尔斯提出的定义被认为更为广泛。Echtner（艾特纳，1999）认为符号代表人类一切的物象。从符号学的角度来看，旅游不再是人们理解的个体活动，而是借助符号学主客互动的产物。Hopkins（霍普金斯，1998）提出解释一切文化创造的万能工具就是符号学。故而，当旅游与文化相结合时，符号学成为最有效的工具。

20世纪70年代，旅游学界引入符号学，西方学者研究发现符号学的"所能"即旅游客体，"所指"即旅游主体，旅游就是"所能"与"所指"的互动过程。Blumer（1986）和其学生 Coffman（1990）分别从不同观点解释旅游符号学。前者认为客体的作用是在互动过程中获得的自身的意义；后者在前者的基础上，提出"戏剧理论"，即人们利用符号设计展示形象，利用符号包装自我。MacCannell（麦肯奈尔，1976）借助 Peirce 三角理论，展开旅游符号学研究。他认为，旅游符号存在于人们旅游的过程中，旅游客体是由一个个符号组成的，而旅游景观的本质就是文化对外展示和象征的符号，即符号是文化的载体。MacCannell 认为 Peirce 旅游符号学的三角理论中，"所能"指旅游标识物，"所指"即旅游吸引物本身，解释项为人即游客。旅游符号化是指旅游者在旅游吸引物的引诱下，从事活动的过程。

从这个意义上说，它是旅游者与当地居民互动的结果，也是旅游者在文化和历史中不断探索和寻求原真体验的结果。Culler（1981）赞同 MacCannell 的观点，并且进行了更加深入的研究，他认为旅游符号学的精髓是旅游者寻求旅游的原真性。但是，游客在追求过程中若找不到本真性，同样也能从复制品中寻找快乐，故认为游客在意的不是真实性，而是作为符号象征的吸引物。借鉴符号学理论，Urry（1990）认为人们旅游过程中关注的焦点即景观、居民和游客，都是由符号构建的，这就是著名的"凝视理论"。Plamer（1999）和 Mc Crone（2000）分别从遗产景观和标志建筑物方面指出符号能够代表一个国家，是宣传的文本工具。

从旅游学视角来看，旅游媒介具有符号含义。例如 Cohen（1983）通过对泰国部落村的研究发现，部落村为提高游客体验的真实性使用特定的习惯用语等进行宣传。宣传时不能只顾一个地方属性，还应该构建能够代表目的地的形象，挖掘自己的特色才能形成促销语言，并提供分析这种语言的符号学方法（Echtner，1999）。旅游中服务人员、宣传媒介等都具有促进主客互动的作用，更深层次具备符号学意义。

国内旅游学术界对旅游客体符号学意义的研究较多。在谢彦君（2006）看来，旅游者的视线借助于符号而被建构，而且旅行中充满了符号获取的过程。丁雨莲等（2006）指出游客的核心目的是更准确了解旅游客体，故旅游目的地向游客传递旅游客体符号是关键。王宁（1997）提到，任何事都可转化为其本身的符号与象征，彭丹（2014）认为旅游吸引物是一种象征。杨振之、邹积艺等（2006）基于互动视角，认为旅游吸引物是一个丰富的符号系统。张朝枝等（2008）从遗产地真实性角度研究发现游客是符号的拥护者。

（二）符号原真性理论研究

Grayson（2004）认为追求真实性是人的本性，从旅游学视角来看，真实性是旅游者本质的需求，也是旅游地营销和竞争的核心。基于此，符号的构建与原真性具有共睦态。随着城镇化，城市和乡村逐渐趋同化，原真性相继丧失。旅游者渴望逃离趋同化的生活模式，探索异质化的文化和景观，旅游目的地维持其原真性成为旅游者本质的需求。Mac Cannel（1973）将真实性运用到旅游动机和旅游经历中，自此，原真性成为旅游学术界热门的话题。Bruner（2007）率先对原真性进行维度划分，认为原真性有仿真（再现过程）、真诚（真实）、本源（存在）和权限（制定标准）四个维度。张成渝（2010）从世界遗产视角研究认为文化遗产相对于自然遗产更丰富，因此遗产的原真性研究深入程度更高。丁少平等（2021）提出历史街区受原真性影响，制约其城市整体风貌、街区艺术形象和市民文化生活品质的提升，历史街区的风貌应满足多样化的生活需求和文化传承使其原真性更具有生活价值和文化价值。在非物质文化遗产保护视域下，原真性作为非遗保护中的一个重要标志，实现了原生态与本真性相交融。基于此，原真性代表文化的原初模样，是文化领域固定的衡量标准。

在城市化驱动下，原真性成为旅游者出游的重要价值和驱动因素，亦是旅游发展的核心趋势。早在 Boorstin（1964）提出的伪事件，再到 MacCannell（1973）的舞台化理论，旅游学界逐渐关注旅游者的原真性体验。现代化的发展阻碍旅游原真性的维护。旅游者逃离城市化生活追求真实性体验是旅游原真性维护的本质意义。徐洪等（2020）研究发现，旅游原真性受到旅游主体和旅游客体不同因素影响。基于旅游者视角，怀旧情绪和情境深入影响旅游原真性。陈宇斌，翁时秀（2018）基于二元结构的分析对原真性理论进行重构，结果发现，原真性进入了旅游领域，一开始就是要解答现代语境中旅游组织方式，其后转而阐释现代语境中旅游所必须具有的价值。马东艳（2020）基于当地居民视角，提出旅游者的原真性体验通过地方依恋影响旅游支持度，故而维护旅游原真性有利于提高当地居民对旅游的支持度。吴登涛（2021）从游客角度出发，提出游客原真性感知会显著影响旅游支持行为。由此可见，旅游不仅需要提升当地居民的地方依恋，又不能忽略旅游者对原真性的需求的初衷。

原真性作为旅游者住宿选择的吸引物，产生旅游者与地方文化的共鸣。民宿外在依托当地环境与资源，民宿内在与当地文化相融合，民宿的建立与发展离不开地方元素。就此，民宿的外在展示和内在文化方面均能影响旅游者的原真性感知，故而对文化客观性的维护是最基本的准则。作为地方符号，民宿要求经营者从有形展示和体验活动等角度真实地反映地方文化，触动旅游者的文化感知，满足旅游者真实性体验，有利于再宿意愿的形成。

正如谢彦君教授（2005）所言，"旅游体验就其本质而言，也可以说成是一种符号互动现象"。国内不少学者对符号学关注且归纳综述，但是，目前还未有学者涉猎民宿符号学研究。民宿的特色符号是符号地方化建构的过程，民宿符号学实质就是游客寻求民宿本土化与原真性。

二、期望理论

（一）期望理论

期望理论（Expectancy theory）即激励理论，反映个体对目标的期望值。期望理论从属于管理心理学理论，由心理学家 Victor H. Vroom（1964）提出，用于激励职工。该理论主要研究消费者对产品或服务所产生的满意程度，并据此进行决策。较早产生于营销学领域，提出了消费者满意度是由其所感知的服务质量所决定。随后，期望理论被应用到零售服务业，最早由 Oliver（1980）提出，购买前消费者对商品有一定期望，购买后消费者真实感知商品效价，若消费者感知到的真实效价大于其期望值，满意度提高；反之满意度降低，如图3-1所示。Parasuraman（1988）提出相同结论。期望理论主张人只有在被期望的结果所吸引的情况下才能做出这种具体的行动。该理论的数学表达形式为：消费者评价的分值 = 感知绩效 – 期望，即感知绩效和期望都是影响消费者评价的因素。Churchill 和 Surprenant（1982）提出了消费者期望表现的四个影响因素，即客户期望、产品表现、不一致性、客户满意度。管理学领域往往应用期望理论用以提升员工工作积极性。李超等（2018）以高校教师为研究对象，认为期望理论能够激发教师教学积极性，提高工作效率。另外还有学者将期望理论运用到众筹用户持续参与意愿的模型。

期望理论在旅游学领域也有一定的适用性。旅游者在不同的渠道作用下对旅游目的地形成预期，继而进行决策。期望理论与满意度有直接关系。马秋芳等（2006）对西安入境的欧美游客实证调研指出受期望与实际感知影响，满意度正向影响游客重游意愿。程绍文等（2010）将中国和英国的旅游者作为调查对象，研究发现，目的地居民对旅游发展的预期对其旅游影响认知产生直接影响，特别是对旅游收益的认知。汪侠、梅虎（2006）提出，游客预期对满意度有负向影响。李瑛（2008）表示，旅游者的期望越高满意度就越低，反之旅游者的实际感知就越好，满意度也就越高。岳贤锋（2014）指出游客出游动机受旅游期望、旅游效价等因素影响，对应营销方式可以刺激旅游者出游动机。由此可见，旅游目的地采取宣传、设计等方式进行期望引导对游客出游意愿起到激发作用。就民宿来说，期望理论还未有学者涉猎，可借鉴期望理论在其他学科的研究成果，分析激发旅游者住宿期望的方式。

在旅游学领域，期望理论作为研究满意度的重要范畴，被学者广泛用以探讨游客的期望对游客最终满意度及重游意愿的影响。学者以游客为研究对象，进行大量实证研究分析发现，游客期望值越高，最终满意度越低；游客最终满意度越高，游客重游意愿越强烈，从而提高旅游企业的经济效益，如图3-1所示。

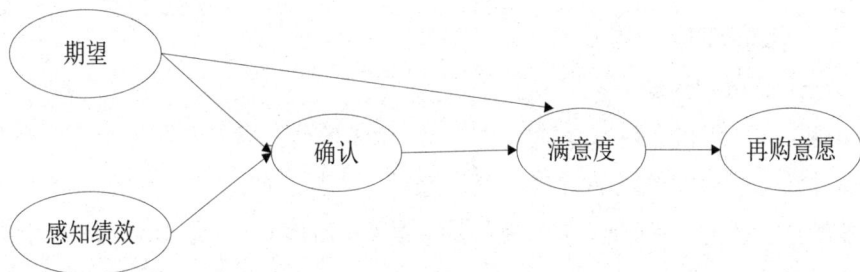

图3-1 期望确认模型（Oliver，1980）

（二）Mehrabian‑Russell 模型

为了进一步了解民宿特色对再宿意愿的影响机制，本书采用了 Mehrabian‑Russell 模型（Russell 和 Mehrabian,1974），该理论已经被广泛应用于住宿业的相关研究之中。借鉴环境心理学文献，旅游研究中已经将服务环境概念化为由物理、社会和服务情境元素组成，这些元素影响在该环境中的个人及其行为，刺激—有机体—反应（S-O-R）框架解释了环境刺激如何改变个体的内部状态，从而塑造她或他的行为反应。利用基本的 S-O-R 框架，M-R 环境模型解释了由环境刺激产生的情绪状态，并最终产生接近或回避反应。在 S-O-R 框架内，刺激包括物理环境。民宿特色是民宿所需要体验的元素，代表着一种环境刺激，被认为是总刺激中最重要的特征之一，在民宿特色环境下，为消费者提供了有形产品或服务环境。此外，服务营销[①] 的学者认为，环境由社会和背景元素组成。社会元素通常通过社交互动表现出来，这有助于创造一个整体的氛围以及独特的顾客体验。

---

① 服务营销是企业在充分认识满足消费者需求的前提下，为充分满足消费者需要在营销过程中所采取的一系列活动。

这些环境的社会元素也显著影响行为。此外,环境是对相关刺激的构建解释,因此,在旅游产业中,环境因素包括根植于当地的传统和生活方式与空间的联系。总体认为,这些特征有助于在目的地获得真实的形象和真实的体验。M-R模型还描述了不同刺激设置引起的情绪在影响行为意向中的作用。既有文献以此为理论背景研究了各种环境刺激,以了解消费者在此影响下情绪状态的反应及对个人行为的影响。部分学者还将刺激因素概念化为该模型理论部分的先行因素,以预测游客的行为意图。在本书中,民宿的特色代表了环境刺激,进而产生了一些住宿体验的变化,最终导致行为意向的产生。

三、体验理论

(一)旅游体验理论

20世纪30年代在西方旅游学术界,旅游体验研究已经开始逐步成为旅游理论研究中最重要的研究方向之一。我国旅游学术界,谢彦君教授于2005年所著的《旅游体验研究 一种现象学的视角》探索了旅游体验理论。他认为"体验是人类存在的基本形式",并指出旅游作为人的活动方式和行为模式已经渗透到了社会生活的方方面面。旅游体验视角下,使旅游现象脱离日常生活世界,由此构造出相对独立的结构、可对此进行旅游研究的范畴——在旅游世界层面上形成旅游世界中多种体验情绪范畴。谢彦君教授认为,旅游现象是复杂的社会经济现象之一,构成这一复杂现象核心的要素即旅游体验[①]。2010年后,学术界在现象学方法的帮助下,对旅游体验的描述与旅游体验构造进行了深入探讨。本书从理论上梳理了这一研究领域的成果并做了简要评述,指出存在于该学科内部或其他相关领域的问题。张斌、张澍军(2010)采用现象学方法进行旅游体验、旅游体验的整体性,以及对旅游世界、生活世界的现象学分析,将旅游体验视为异地生活非谋生体验和生活世界累积经验碰撞而建构自身。张骁鸣(2016)应用现象体验学说,探讨了其对旅游体验产生的影响。赵刘(2018)从感性和时空的角度分析旅游体验的意向构造,该观点与本书从旅游者到经营者的研究视角吻合。谢辉基、杨振之(2020)运用现象学研究方法引入具身体验,从身体和躯体方面探索旅游体验。倪梁康对胡塞尔的《现象学的观念》进行深入探究,认为体验体现在心理、意识

---

① 谢彦君.旅游体验研究:一种现象学的视角[M].天津:南开大学出版社,2005.

层面，从视觉、听觉、触觉等层面阐释多层次的情绪体验，包括痛苦、快乐、爱、恨等。胡塞尔在而后的精进研究中，推翻了体验仅停留在心理层面的理论，由此认为旅游体验的研究应从多层面进行。这与本书多层次的研究视角相吻合。

基于胡塞尔后期对现象学的解释，本书对旅游体验的研究更为动态，不局限于旅游者单一主体，而将旅游者与民宿经营者作为双重主体，研究其体验后情绪的转变。旅游体验受旅游者及物理环境、人文环境等多方因素交互影响，其参与自身对于旅游体验形成及记忆具有重要意义（Knutson 和 Beck,2004）。与他者的社会互动在旅游者的旅游体验中占据着重要地位（Murphy,2001）。谢彦君、徐英（2016）在特纳"反结构"理论的推动下，对柯林斯"结构观"中情感能量匹配理论进行了修正，使用格雷本（Graburn）"神圣游程"模型，阐述了情感能量在旅游体验中的集聚、形成与衰减现象，并且把"旅游体验的共睦态"和"集体欢腾"的概念相结合，提出了旅游体验高峰状态。殷英梅和郑向敏（2017）将互动仪式作为研究的基础进行分析，结果发现共享旅游住宿的主客双方在交互的同时完成情感的共享，以及增强情感能量，同时，把主客交往的过程划分为交往的准备阶段、互动进行阶段以及结果评价阶段。作为新兴业态，民宿在旅游者和民宿经营者双方互动中产生民宿独特的体验现象和体验要素，最终形成旅游体验共睦态。

（二）体验营销理论

经济活动的目的不仅仅是产出，而是通过消费获得体验。创造令人难忘的体验是住宿业的本质，体验被视为消费者感受得到的一种主观心理状态。随着市场营销研究从传统的"信息处理范式"转向"体验营销范式"，学术界越来越认识到，消费者可能不仅是追求商品、服务效用功能的"问题提出者"，也是追求享乐和难忘体验的"乐趣寻求者"。所以，体验营销得到了住宿业研究者与实践者的日益重视。住宿业是基于许多具有可比性的认知特征和易于互换的服务的因素来确定的。在这种背景下，仅凭功能价值将民宿与竞争对手区分开来，就变得非常具有挑战性。所以住宿业品牌要想获得竞争优势越来越离不开为消费者营造体验的特色。根据体验营销人员的说法，获得消费者体验是一种长期的竞争优势，可以通过持续超越消费者的认知、情感和行为预期来实现。

越来越多的营销人员利用体验营销与消费者建立体验联系。Schmitt（1999）提出了战略体验模块（Strategic Experiential Modules; SEMS）的概念，他认为体验营销从业人员可以采用该概念为消费者生成不同类型的消费者体验。体验模块包含以下几个部分：①情感体验营销（feel marketing），②感官体验营销（sense marketing），③创造性认知体验（think marketing），④行为和生活方式营销（act marketing），⑤社会认同体验营销（relate marketing）。

为消费者创造一个良好的消费体验的观念越来越受到住宿业的青睐，体验的来源成为重中之重。Alnawas 和 Hemsley-Brown（2019）认为消费者体验的研究人员应该更多地关注客人与物理和社会环境的互动，不应该仅局限于消费者与服务提供者之间的互动过程产生的感官体验。Lee 等（2019）认为消费者体验来自消费者—服务提供者关系（包括组织、环境和其他人）的认知、情感和行为方面。正如前文提到的体验类型，物理刺激也可以通过感官刺激的形式为消费者创造一种体验。国内研究者也关注在民宿方面影响体验的感知的相关要素，如程冰和肖悦（2022）基于桂林地区民宿发展背景研究了地理环境、硬件设施、服务质量对消费者体验的影响。张鞠成等（2019）基于旅游凝视理论，梳理出民宿设施、民宿所在地文化与民俗之间的融合是影响消费者民宿入住体验的重要因素。焦彦等（2017）指出商业接待设施、当地的文化符号、个人的生活场景三个方面共同促成了消费者对民宿所在地的真实性体验。鉴于此，不同于传统的住宿业，在民宿业的发展过程中，体验营销理论具有了新的变化特点，即更强调民俗、文化体验对整体民宿体验塑造的影响。

第二节　理论假设提出

一、民宿特色对再宿意愿的关系假设

由前面章节中对民宿及民宿特色的研究综述分析结果可知，虽然目前没有直接的研究证据表明民宿的特色对再宿意愿的影响，但是以往关于住宿业的特色研究主要集中在主题酒店上，在这一方面有较多的研究结果。主题酒店在住宿业越来越有吸引力[①]。Ro 等（2013）使用多维尺度和聚类分析方法对拉斯维加斯的12家主题酒店进行了研究，发现最具吸引力的酒店是那些同时具有高唤醒程度

---

① Oliveira, M. G.（2020）. To Theme or Not to Theme: The Lisboa Pessoa, A Literary Hotel? Tourism Analyrism,25（2），273–281.

和愉悦程度的酒店，这些主题酒店有一种感性的形象，很容易与其他酒店区分开来，而高唤醒和愉悦程度有助于消费者形成对目的地或者酒店的依恋。如 Jani 和 Han（2015）测试了韩国一家五星级酒店的积极情绪和忠诚度，结果表明当消费者形成了积极情绪之后会更愿意在下次入住的时候选择该酒店。民宿特色主要涵盖了主题的特色、符号的特色和活动的特色。

民宿主题的特色体现了民宿本身反映的一种独特的旅游文化，包括环境文化景观、室内文化元素、房客接待者言行、服饰等。将文化作为产品设计和服务创新的基础，通过展示其所体现的当地文化价值，为民宿创造独特的竞争力[1]。以往研究表明酒店通过利用当地的文化特色、艺术资源和其他独特的特点可以吸引顾客的注意力，为顾客提供愉快的艺术和文化体验，进而提升了重访意愿。Pang（2020）通过一个案例研究发现酒店主题的建立对消费者的影响。该案例选择了新加坡一家以"东亚"为主题的酒店，该主题酒店在当地很欢迎，酒店在建筑、结构、家具等特征上都突出了东亚特色，特别是酒店还展示了中国传统艺术作品，凸显了酒店浓厚的中国文化氛围，为了确保客人能够与中国元素有特别的联系，大厅的主入口处放置了两尊塑像——受人尊敬的中国古代诗人、学者李白和孔子[2]。国内研究者黄和平和邴振华（2021）以上海地区民宿为例，认为民宿的主要优势在于能够结合地域文化资源，这一特征能够为游客带来明显的主题文化体验，主要体现在地域文化、景观建筑、主题氛围、宗教艺术、历史记忆、人物符号六个维度，以上六个指标客观上能够显著提升游客对当地的认同。以往的研究表明住宿地所处的环境（如温度、空气质量、噪声、气味）、设计（如布局、陈设、装置）、标志（如文物、装饰风格、标牌）和互动元素都会影响消费者的反应和交易行为。

民宿符号的特色体现了消费者入住民宿所产生的感官刺激，即主要停留在对酒店视、听、嗅、触等感官接触中对符号外在形式的一种体验。Choi 和 Kandampully（2019）发现酒店通过创造一个舒适的环境氛围（房屋设计、公共场所设计、声音、温度等）有助于顾客形成对酒店更高的忠诚意向，更愿意重访该酒店。国内研究者桑祖南等（2018）通过 IPA 理论研究发现民宿的氛围、基础

---

① Trianasari, N, Butcher, K., Sparks, B. Understanding Guest Tolerance and the Role of Cultural Familiarity in Hotel Service Failures[J]. Journal of Hospitality Marketing & Management, 2018, 27（1）:21–40.

② Pang, J. M. Adopting "East Asian" cultures and themes in hotel branding: A study of the M. Putonghua[J]. Asia Pacific Journal of Tourism Research, 2020, 25（10）:1085–1097.

设施服务、外部环境等因素对游客的满意度和忠诚意愿存在显著的影响。郭清霞等（2020）以莫干山民宿为研究对象，探讨了民宿的特征对再宿意愿的影响，结果表明民宿的外部设计、基础设施状况、设计风格、当地的民俗风情都会显著正向影响消费者的再宿意愿。

民宿活动的特色体现了消费者在主题民宿体验中所接受的一种无形服务体验及延伸出的顾客情感结果，其更多地强调服务提供者与顾客之间的互动。以往的研究表明了当酒店服务人员微笑、增加眼神交流、表达感激和问候时，顾客会体验到更多的积极情绪，进而更愿意再次选择该酒店。在酒店行业中，服务人员与顾客保持着高度的联系，服务人员的外貌、着装、专业程度和吸引力会影响顾客情绪和行为意愿。Sthapit（2019）基于芬兰酒店业研究发现酒店服务人员的热情和专业能力是促进消费者形成积极体验和再宿意愿的重要因素。国内研究者孙凤芝等（2020）探讨了消费者对民宿的感知价值对行为意向的影响，结果表明民宿服务提供者服务技能规范、服务态度热情且民宿入住游玩中有志同道合的朋友是感知价值的重要构成因素，感知价值程度越高，消费者对民宿的再宿意愿也会提升。根据前文质性研究分析结果，民宿特色包括主题的特色、符号的特色、活动的特色三个维度。综上，本书提出以下假设：

H1a 民宿主题的特色正向影响再宿意愿；

H2a 民宿符号的特色正向影响再宿意愿；

H3a 民宿活动的特色正向影响再宿意愿。

二、民宿住宿体验的中介作用假设

根据前文质性分析结果，住宿体验分为新颖体验、舒适体验、愉悦体验三个维度，体验的类型不同，对顾客再宿意愿的影响程度存在差异，因此，有必要将三种体验区分开来，分别探讨他们对顾客再宿意愿的影响。

（一）新颖体验的中介作用

本书认为住宿体验主要为：新颖体验、舒适体验、愉悦体验。民宿特色会显著影响游客的新颖体验。在旅游业中，新颖被定义为"体验偏离个人期望的程度"，新颖的旅游体验与意外、喜悦、惊喜、兴奋和享受有关，新颖性包含两个密切相关的维度：一个人正在经历某种新事物的感觉和一个人正在经历某种不同于平常日常生活的感觉。酒店的一些新的事物会影响顾客的新颖体验。Huang 等（2021）

发现酒店中引用了服务机器人会显著提升消费者的新颖体验。民宿具有的独特的文化特征或者自然生态特征，一定程度上为顾客提供了丰富的文化体验，培养个人兴趣以及寻找自我提升和了悟真我的绝佳机会，从而使顾客产生更为明显的新颖体验。新颖体验的提升有助于再宿意愿的提高，Toyama 和 Yamada（2012）研究结果证实了新奇感和忠诚度之间的正相关关系。他们提到，如果游客认为目的地的新颖性符合或超过他们的预期，他们将感到满意，因此，更倾向于重新访问此地。他们还解释说，游客通常无法在短期内体验到旅游目的地的所有方面。因此，如果游客体验到了较高的新颖性，并承认该地是新奇的或独特的，他们大概率会想体验该地的其他方面，并计划重新访问目的地。

根据体验营销理论和 Mehrabian‑Russell 模型，特色民宿作为一种融合了当地经济、文化、生产生活方式等特征的非标准化产品，为消费者提供了一种有形和无形相结合的服务环境体验，对消费者的心理形成了环境刺激，使其能更为直观地感受到当地的特色生产生活方式和文化环境，从而在情绪状态上产生变化即新颖体验得到提升，而情绪状态是行为意向的重要前置条件，游客新颖体验的提升进一步促成了游客再宿意愿的提高，即愿意再次访问该民宿。

综上，本书提出以下假设：

H1b 民宿主题的特色正向影响民宿新颖体验；

H2b 民宿符号的特色正向影响民宿新颖体验；

H3b 民宿活动的特色正向影响民宿新颖体验；

H4a 民宿新颖体验正向影响再宿意愿；

H5a 新颖体验在民宿主题的特色与再宿意愿之间具有中介作用；

H6a 新颖体验在民宿符号的特色与再宿意愿之间具有中介作用；

H7a 新颖体验在民宿活动的特色与再宿意愿之间具有中介作用。

（二）舒适体验的中介作用

民宿特色会显著影响游客的舒适体验。一般来说，舒适是多维度的，包括身体舒适、生理舒适和心理舒适，其更多地被视为一种积极情绪。舒适体验一方面是由与服务提供者的互动形成的，另一方面来源于服务环境。有研究表明，空气质量如空气温度、湿度等会影响感知舒适体验（Fang 等，1998）。同时，以往住宿业的研究表明，身体舒适更多地取决于酒店服务的质量或物理环境，高档酒店更能提供相对较高的物理舒适度。舒适体验不仅仅是身体上的舒适，更是入住期间游客所体验到的心理上的舒适。国内研究者张鞠成等（2019）以阳朔、奈良两地民宿为研究案例发现，民宿周围安静的环境、房东善意的帮助、周围人的和谐交流也能为游客带来舒适的度假体验。舒适体验会显著影响游客的再宿意愿。如果酒店能让客人产生宾至如归的感觉，那么客人会更愿意再次选择该酒店（Ariffin,2013）。Nugroho 等（2021）发现当游客在入住某酒店后产生更好的舒适度体验的时候，便会有更高的重访意愿。酒店游客希望住宿环境干净舒适，一定程度上也降低了对价格的敏感性，提升了重访意愿（H. J. Kim, 2011; Prasad 等，2014）。

根据体验营销理论和 Mehrabian - Russell 模型，民宿是一种基于体验当地自然、文化与生产生活方式的住宿设施，当其民宿特色越鲜明时，为游客呈现的当地自然、文化和生产特征越明显，从而使游客的情绪状态更积极，即舒适性体验更高，进而产生了更强烈的再宿意愿。

综上，本书提出以下假设：

H1c 民宿主题的特色正向影响民宿舒适体验；

H2c 民宿符号的特色正向影响民宿舒适体验；

H3c 民宿活动的特色正向影响民宿舒适体验；

H4b 民宿舒适体验正向影响再宿意愿；

H5b 舒适体验在民宿主题的特色与再宿意愿之间具有中介作用；

H6b 舒适体验在民宿符号的特色与再宿意愿之间具有中介作用；

H7b 舒适体验在民宿活动的特色与再宿意愿之间具有中介作用。

（三）愉悦体验的中介作用

民宿特色会显著影响游客的愉悦体验，愉悦体验反映了顾客在住宿环境中感到快乐和满足的程度。不同的环境诱发情绪状态。例如，实证研究发现商店属性和消费者享受的情绪状态之间存在正相关。住宿业同样也是如此，酒店的一些特征也会触发消费者的愉悦情绪。如 Lin（2016）发现酒店的物理环境的设计中融入视觉和美学效果，有助于唤起顾客的积极和愉悦情绪，特别是与服务提供者的互动感知也有助于塑造顾客的愉悦体验。同时，顾客与其他顾客的互动可以对他们的体验产生重要影响。Zatori 等（2018）在"经验参与"的概念中强调了旅游者通过"社会经验—参与"在旅游中通过社会互动接触创造的愉悦体验。愉悦体验会显著提升游客的再宿意愿。愉悦体验也是行为意向的重要预测因素，So 等（2021）基于 Airbnb 住宿的应用场景，发现消费者产生愉悦体验之后会产生更高的回购意向。Dedeoglu 等（2018）研究发现游客和酒店员工之间的社会互动可以创造更强的愉悦体验，进而会产生更强烈的再宿意愿。

根据体验营销理论和 Mehrabian - Russell 模型，当游客切身体验到当地的民俗风景、与当地居民交流互动、享受特色服务时，游客更能产生愉悦体验。同时 Mehrabian - Russell 模型本身就指出消费者的愉悦是一个至关重要的因素，因为它使消费者在商店停留的时间更长，并引发购买行为。因此，游客的愉悦体验与再宿意愿相关。

综上，本书提出以下假设：

H1d 民宿主题的特色正向影响民宿愉悦体验；

H2d 民宿符号的特色正向影响民宿愉悦体验；

H3d 民宿活动的特色正向影响民宿愉悦体验；

H4c 民宿愉悦体验正向影响再宿意愿；

H5c 愉悦体验在民宿主题的特色与再宿意愿之间具有中介作用；

H6c 愉悦体验在民宿符号的特色与再宿意愿之间具有中介作用；

H7c 愉悦体验在民宿活动的特色与再宿意愿之间具有中介作用；

H8 住宿体验在民宿特色与再宿意愿之间具有中介作用。

三、求新动机的调节作用假设

求新动机指顾客本身具备冒险、创新等特质，产品或者服务能够满足其追求新奇的需求进而驱动消费行为，但即使顾客的满意度高，有时也会选择新产品而不会重复购买旧产品，这一情况被归因于顾客的求新动机。消费者的求新动机影响着消费者在旅游行为方面的决策，在旅游语境中，求新与旅游目的地有着重要关系，求新动机在理解游客行为和影响其返回意愿方面发挥着重要作用。

求新动机高会削弱民宿体验对再宿意愿的正向影响。Assaker 等（2011）发现寻求高度新鲜感的游客很少会再去以前去过的地方，而寻求低新鲜感的游客更有可能回到相同的地方。一般来说，寻求新奇事物的人被描述为敢于打破传统，能够承担更高风险，渴望体验新环境和与当地居民接触，以及更喜欢独自旅行的人。在目的地选择方面，若出发地和目的地之间存在一定的相似性，寻求新奇事物的人对参观目的地或者邻近地区的兴趣会大大降低。追求新奇也会降低对目的地忠诚度。一个目的地即使是与众不同的或者游客在之前产生了较好的体验，也很难吸引高求新动机游客的再次来访，因为人们对新奇事物的感知程度会随着访问次数的增加而呈指数下降。Shoemaker 和 Lewis（1999）认为追求新奇的人一般忠诚度较低，哪怕他们产生了更为积极的服务体验，也会因为他们对新奇的渴望降低他们对特定服务和地点的忠诚度。国内研究者寿东奇等（2017）以西塘古镇为研究对象发现了类似的结果、哪怕游客对目的地形象产生了较高的满意度，但是对于高求新动机的游客来说，他们对满意度的敏感程度较低，在游玩过程中更追求新奇，所以最后对目的地重访意愿不会随之提高。

本书认为，民宿特色越鲜明，游客会产生越好的住宿体验，进而产生越强烈的再宿意愿。但是对于高求新动机的游客来说，他们更关注的是旅游时寻求新鲜感，如享受意想不到的设施和景点或者脱离平常的环境探索当地文化和环境的特征，有一种对新奇或复杂性的渴望。但如果重复访问某一目的地或者某民宿，该目的地或民宿则无法为其带来超过第一次访问的更高水平的新鲜感或收益（Assaker 和 Hallak, 2013），因此，对于求新动机较高的游客，民宿特色并不会使其产生更强烈的再宿意愿。

综上，本书提出以下假设：

H9a 对于求新动机较高的消费者，新颖体验在民宿特色与再宿意愿之间的中介作用不显著，存在有调节的中介模型；

H9b 对于求新动机较高的消费者，舒适体验在民宿特色与再宿意愿之间的中介作用不显著，存在有调节的中介模型；

H9c 对于求新动机较高的消费者，愉悦体验在民宿特色与再宿意愿之间的中介作用不显著，存在有调节的中介模型；

H10 对于求新动机较高的消费者，住宿体验在民宿特色与再宿意愿之间的中介作用不显著，存在有调节的中介模型。

第三节　理论假设汇总与关系模型

借鉴既有文献的研究成果，本书选择民宿特色作为游客住宿体验及顾客再宿意愿的前因变量。依据体验营销理论的观点，引入住宿体验作为民宿特色与顾客再宿意愿之间的中介变量，探讨民宿特色与游客住宿体验及顾客再宿意愿之间的作用关系。学界关于旅游体验的研究多注重对体验结果的剖析。

一、假设汇总

结合前文中对民宿主题的特色、符号的特色、活动的特色、新颖体验、舒适体验、愉悦体验、再宿意愿、求新动机 8 个变量之间的关系梳理和假设分析，本书共得到 29 个关系假设，包含 15 个直接作用假设，10 个中介作用关系假设和 4 个调节作用关系假设，汇总结果如表 3-1 所示，以便后文实证分析研究。

表 3-1　研究假设

假设序号	假设具体描述
H1a	民宿主题的特色正向影响再宿意愿
H2a	民宿符号的特色正向影响再宿意愿
H3a	民宿活动的特色正向影响再宿意愿
H1b	民宿主题的特色正向影响住宿新颖体验
H1c	民宿主题的特色正向影响住宿舒适体验
H1d	民宿主题的特色正向影响住宿愉悦体验
H2b	民宿符号的特色正向影响住宿新颖体验
H2c	民宿符号的特色正向影响住宿舒适体验
H2d	民宿符号的特色正向影响住宿愉悦体验
H3b	民宿活动的特色正向影响住宿新颖体验
H3c	民宿活动的特色正向影响住宿舒适体验
H3d	民宿活动的特色正向影响住宿愉悦体验
H4a	民宿新颖体验正向影响再宿意愿
H4b	民宿舒适体验正向影响再宿意愿
H4c	民宿愉悦体验正向影响再宿意愿
H5a	新颖体验在民宿主题的特色与再宿意愿之间具有中介作用
H5b	舒适体验在民宿主题的特色与再宿意愿之间具有中介作用
H5c	愉悦体验在民宿主题的特色与再宿意愿之间具有中介作用
H6a	新颖体验在民宿符号的特色与再宿意愿之间具有中介作用
H6b	舒适体验在民宿符号的特色与再宿意愿之间具有中介作用

表 3-1（续）

假设序号	假设具体描述
H6c	愉悦体验在民宿符号的特色与再宿意愿之间具有中介作用
H7a	新颖体验在民宿活动的特色与再宿意愿之间具有中介作用
H7b	舒适体验在民宿活动的特色与再宿意愿之间具有中介作用
H7c	愉悦体验在民宿活动的特色与再宿意愿之间具有中介作用
H8	住宿体验在民宿的民宿特色与再宿意愿之间具有中介作用
H9a	对于求新动机较高的消费者，新颖体验在民宿特色与再宿意愿之间的中介作用不明显，存在有调节的中介模型
H9b	对于求新动机较高的消费者，舒适体验在民宿特色与再宿意愿之间的中介作用不明显，存在有调节的中介模型
H9c	对于求新动机较高的消费者，愉悦体验在民宿特色与再宿意愿之间的中介作用不明显，存在有调节的中介模型
H10	对于求新动机较高的消费者，住宿体验在民宿特色与再宿意愿之间的中介作用不明显，存在有调节的中介模型

二、关系模型

基于上述关系假设，构建出民宿特色对顾客再宿意愿影响的关系模型，如图 3-2 所示。

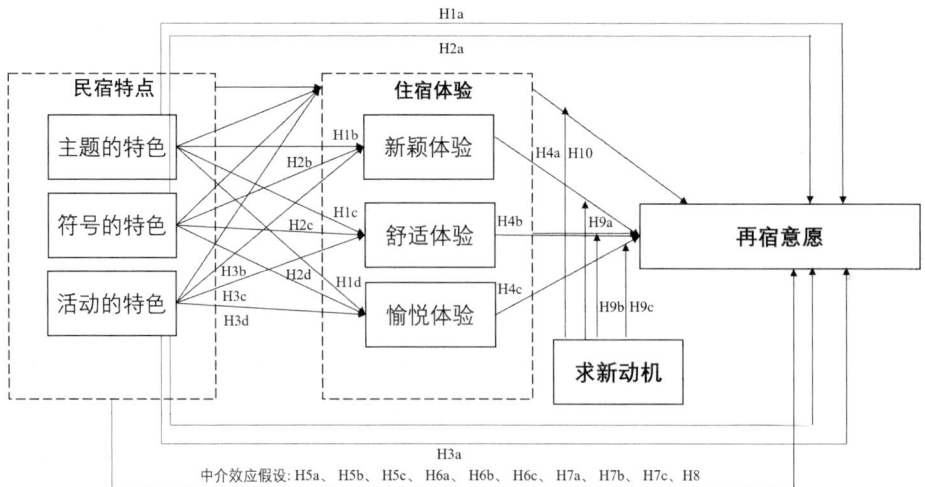

图 3-2　民宿特色对顾客再宿意愿影响的关系模型

　　本书所构建出的关系模型以符号理论、期望理论、体验理论等思想观点为基础，民宿特色是顾客体验的核心内容，再宿意愿是顾客体验的结果，两者之间存在着内在的逻辑关系和作用机理。总体而言，民宿特色对顾客再宿意愿的影响路径包括直接和间接两种类型。首先，民宿特色即主题的特色、符号的特色、活动的特色会直接影响顾客再宿意愿的强烈程度。其次，从旅游者体验情绪来看，民宿特色会影响其内在机体状态，即新颖体验、舒适体验、愉悦体验，这些体验情绪又影响着顾客再宿意愿。具体来讲，民宿主题的特色、符号的特色、活动的特色通过影响顾客的住宿体验来影响再宿意愿，即新颖体验、舒适体验、愉悦体验在民宿特色影响顾客再宿意愿的过程中扮演着中介变量的角色，起到中介作用。此外，求新动机在民宿特色影响顾客再宿意愿的过程中发挥着正向调节作用。

第四节　小结

　　本章在参考相关文献资料、结合已有的相关理论和质性分析结果的基础上，对民宿特色、住宿体验、顾客再宿意愿、求新动机之间存在的关系进行了梳理，并提出了相应的研究假设和汇总分析。

　　1．民宿特色有助于顾客再宿意愿的形成。民宿特色可以分为主题的特色、符号的特色、活动的特色。通过对民宿特征的味觉、嗅觉、听觉、视觉、触觉等全方位体验，游客产生新颖体验、愉悦体验和舒适体验，进而对顾客再宿意愿产生影响。

　　2．在理论研究和理论模型基础上，提出了15个直接作用假设，10个中介作用关系假设和4个调节作用关系假设，内容涵盖：民宿特色对顾客再宿意愿的影响；民宿特色对顾客住宿体验的影响；住宿体验对顾客再宿意愿的影响；新颖体验在民宿特色与顾客再宿意愿之间的中介作用；舒适体验在民宿特色与顾客再宿意愿之间的中介作用；愉悦体验在民宿特色与顾客再宿意愿之间的中介作用；求新动机在民宿特色对顾客再宿意愿影响中的调节作用。

　　3．基于关系假设，构建出民宿特色对顾客再宿意愿影响的关系模型，为后面章节的实证调研和建议分析工作提供了理论支撑。

第四章　民宿特色对顾客再宿意愿影响研究设计

第一节　案例地选取介绍

本书主要研究内容是民宿特色对顾客再宿意愿的影响。基于此，秉承案例地选取的典型性原则和实证研究的严谨性原则，案例地的选取满足了两个条件：旅游发展水平高和民宿规模较大。中国民宿最早起源于台湾和江浙一带，且发展较快、规模较大。受生态环境和人文资源影响，江浙一带民宿注重休闲和游憩功能。其主要客源来自长三角一带高消费人群，离主要客源地距离较近，因此客源相对稳定，助力民宿发展。浙江省自然资源丰富，名山、湿地、古镇是江浙民宿典型的山水资源，受惠其丰富的历史文化资源，江浙民宿深受海外游客青睐。在乡村建设井喷式发展，国家支持乡村振兴的大环境下，开发乡村特色旅游是破解乡村建设与开发矛盾的极佳之选，而民宿作为乡村特色旅游中的一个重要媒介，成为中国旅游开发的领军企业。对江浙乡村民宿的深入研究能够为我国民宿业的发展贡献理论智慧。

莫干山地区民宿作为中国民宿业优秀代表，"以历史文化之魂塑造旅游品牌"是其旅游吸引力的核心要素。鉴于此，莫干山民宿符合民宿研究以及住宿体验研究的基本要素。德清县地处浙北，北靠太湖，南与杭州隔湖相望，东与上海相望，西枕着天目山麓，处长三角腹地。辖区面积 936 平方公里，现辖 8 镇 5 街道，截至 2023 年底，户籍人口 44.2 万人。德清"五山一水四分田"，素有"丝绸之府""名山之盛""鱼米之乡""竹茶之地""文化之邦"之美誉。德清历史悠久，有古代防风文化和良渚文化遗迹。境内有中国四大避暑胜地之一的国家级风景名胜区莫干山、"中国最佳生态休闲旅游目的地"的下渚湖和素有"千年古运河，百年小上海"之誉的新市古镇。德清县区位优势十分突出，该县 11 个乡镇中有 7 个与杭州接壤。杭宁高速、申嘉湖高速、104 国道、304 省道、宣杭铁路、京杭运河、杭湖锡线航道纵贯全境。宁杭高铁建成通车，内河航道得到完善，新时代高铁与港口，进一步彰显了其特有的区域优势。如何把这一得天独厚的区位优势转化为经济发展新动力。

德清"洋家乐"分布于莫干山麓。这个小小的"洋家乐"驰名中外，吸引了来自 50 个国家 300 多个城市的游客，不只因其自然美景，更因其迎合了世界范围内休闲旅游的潮流。如今，"洋家乐"成为众多消费者青睐的休闲度假胜地。德清"洋家乐"客户群体主要是城市白领、跨国公司高管及其他高消费人群。在切实拉动入境游市场的同时，"洋家乐"也有力地带动了当地农民增收增富，闯出了一条充满德清特色的乡村旅游发展之路。德清莫干山民宿作为典型的民宿代表地符合本书研究需求。

"洋家乐"指海外投资者在本地租赁房屋，改建和开放休闲住宿，吸引了大批海内外户外运动爱好者及城市白领，形成了国际文化和中国乡村文化密切融合的乡村旅游新业态。"洋家乐"的本质是在中国乡村由外国人经营的农家乐。2014 年，在德清县出台的《德清县民宿管理办法（试行）》中，"民宿"这一统称替代了"洋家乐"。莫干山的民宿分为高中低 3 个不同等级，即：精品、优品、标准。高档民宿是莫干山民宿品牌的代表，其在空间资源、资本实力和设计团队等方面均略胜一筹。高档民宿聚焦特色营造、文化主题、网络营销等方式建设品牌。高档民宿具备三个基本特征：一是空间资源丰富；二是景观视域私有化，即民宿选址避开大众区域，选址边缘地带，营造高端神秘的原生态品牌形象；三是内部结构丰富新颖，如裸心谷有康体中心、骑马场等，法国山居有有机茶园、地下酒窖等。高端民宿是莫干山民宿构建高端神秘、原生态体验综合理念的标志。高档民宿的经营者多为专业设计师和企业家，有超前的经营理念和专业的管理能力，为莫干山民宿的品牌建设奠定了基础。中档民宿多数由回乡创业的居民经营，受资金限制，中档民宿着力民宿的外观建筑和内部设施，相对缺乏创新。因此中档民宿为节约成本，多集中于旅游资源与景观聚集的地段，能够借助周围环境，提供延伸服务。随着人们生活水平的提高以及消费观念的转变，消费者开始追求个性化消费，对民宿的要求也从单纯接待旅客向休闲度假、放松身心等方面发展。

近年来，随着旅游业的发展以及人们生活水平的提高，中档民宿开始进入大众视野并得到快速推广。从 2013 年开始，中档民宿数量大增。随着政策支持力度加大，中档民宿开始进入发展快车道。中档民宿数量在 2017 年开始多于低档民宿，逐渐取代低档民宿成莫干山住宿主力。低档民宿由当地居民改造自家民居而来，与传统农家乐相似，大多只提供吃饭和住宿功能。低档民宿不依赖地理位置和景观资源，而是依靠由当地资源条件带来的丰富客流为生，属于旅游配套资源。与高中档民宿相比，低档民宿缺乏先进的配套设施和较高的管理能力，以自家独有资源为唯一吸引物，如自家茶园等。

总的来说，2011 年至 2017 年，莫干山民宿业发展迅速，2014 年发展达到高峰。根据 2019 年度统计，莫干山有 800 多套民宿。莫干山年接待量 272 万多人次，旅游业年收入 25.8 亿元，比上年增长 10% 以上[1]。2020 年上半年，150 家精品民宿累计接待游客 41.8 万人次，财政收入 4.8 亿元[2]。随着，人们对健康安全、生活舒适和环境美化的要求日益提高，莫干山地区民宿业发展态势已由低档民宿增长较快向低档民宿更新或者淘汰方向发展，以中档民宿爆发性增长为主，高端民宿规模稳定扩大。产业结构由金字塔格局转向纺锤体格局（见图 4-1）。

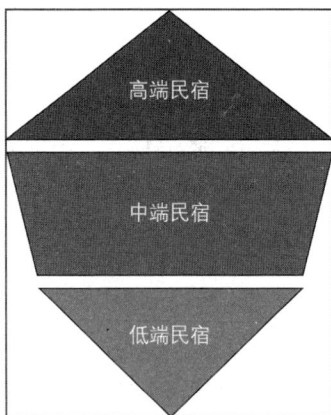

图 4-1　莫干山民宿产业结构示意图

---

① 莫干山镇 2019 年经济和社会发展情况统计 [EB/OL].http://www.deqing.gov.cn/hzgov/front/s232/zfxxgk/xzzdgk/jjhshshfztjxx/200200703/i2730282.html.

② 莫干山镇 2019 年经济和社会发展情况统计 [EB/OL].http://www.deqing.gov.cn/hzgov/front/s232/zfxxgk/xzzdgk/jjhshshfztjxx/200200703/i2730282.html.

一、德清莫干山民宿的发展与演进

莫干山民宿随德清旅游发展进程而开发与发展。德清的旅游发展是以2007年"裸心堡"创始人高天成开办的首家"洋家乐"作为旅游产业的节点。莫干山的民宿依照住宿核心功能的完备及其文化体验，可以划分为以下几个阶段。

（一）探索起步期（2006年以前）

21世纪初，"农家乐"作为民宿在德清首次兴起，供附近短距离游客假日休闲娱乐，"早上起床，中午吃饭，晚上回家"的简单消费模式已经形成，以地道优惠的农家菜为卖点，客房数量不多，住宿服务尚处于自发探索阶段。

（二）规模扩张期（2007—2014年）

2007年，南非人高天成老先生创立了德清最早的"洋家乐"——"裸心堡"。随着国家政策的调整和对旅游业的重视，以及国内经济的快速发展，越来越多的人开始关注到乡村旅游这一新兴产业，并把目光投向了具有独特资源特色的乡村。依托优良生态环境，住宿为主的休闲旅游产品渐渐得到重视，农村居民点住宿开发进入扩张阶段。作为一种新型的旅游模式，乡村民宿正受到越来越多旅游者和投资商的青睐，成为旅游业中极具发展潜力的新增长点。随着时间的推移和对环境问题的重视，"低碳生活方式"成为人们关注的话题，人们也将目光投向了"低碳家乐游"这一概念上。"洋家乐"凭借低碳、天然休闲这一概念吸引着世界各地的消费者。

"洋家乐"这一概念是德清县于2009年率先在国内提出来的，至此，"洋家乐"进入全国市场，各地都在效仿这一特有的现象。2021年以后德清县民宿年增长达到60~70家。2014年，德清县"洋家乐"获得第十一届中国旅游发展北京对话论坛中国旅游创新奖。

（三）提升发展期（2015年至今）

2015年，德清县政府出台了第一个县级乡村民宿地方标准，通过民宿管理质量标准、分级标准与评价规则等，促进了德清县民宿向标准化、成熟化、制度化发展。同时，浙江湖州在世界乡村旅游大会上被评为"世界十大乡村度假区之一"，德清休闲农业与乡村旅游逐步向国际化、品牌化方向发展。从此，该县民宿陆续进入升级改造阶段，"以身作则""规范管理""融合农业旅游""互促文化旅游"等内涵建设，带动了德清县乡村民宿的科学发展、质量管理新气象。

二、莫干山民宿的品牌特色

（一）自然生态

自然生态为莫干民宿的第一大品牌特色。莫干山民宿由私人住宅设计改造，可供旅游者食、住、游、娱、购，全过程满足绿色环境、低碳节能、资源节约和生态健康4个核心生态因素。同时还对传统民居进行了科学有效的规划设计。从设计与施工的角度看，主要是通过对本地废弃老农舍和厂房进行改建。所有用于改造的物料均取自自场地，并将其改造成新型材料。对原有建筑进行合理规划，保留了传统民居格局，有助于保护村落景观特色。提倡原始、低能耗、环保这一概念使得古村落文化得到了保留与传承，标准化污水处理系统，保证了当地的自然资源不会轻易被破坏。

德清县的自然资源更是得天独厚。山上有"三胜"——竹、云、泉。竹为莫干山的"三胜"之首，在莫干山有"黄金嵌碧玉""碧玉嵌黄金"两类珍贵竹子，竹子是莫干山绿化的主体，占总绿化面积的92%。陈毅元帅曾赞扬莫干山的竹子："莫干好，遍地是秀篁。夹道万竿成绿海，风来凤尾罗拜忙。小窗排队长。"莫干山的云更是奇观，变幻无穷，各具特色，每年的秋天是观云的最佳时节。莫干山的泉资源丰富，有剑池、天泉池等。

莫干山绿水青山，气候宜人。莫干山镇的西北部聚集着精品民宿，该区以农田为主，故而开发了庄园和农家生态旅游项目。民宿部分区域建设了生态景观通廊，利用中心稻田景观，聚集了多个具有类似空间结构的聚落，形成"山、水、拱、居、串"的山水景观生态格局。镇东部经济林面积4 100亩，以雪松树为主，茶园和有机农场为辅，还有蚕桑园、莫干山芳香生态园等。以山地为依托，以林为主得天独厚的自然条件，是扩大旅游业的良好基础，具有无穷的发展潜力。

（二）历史文化

历史文化为莫干山民宿第二大品牌特色。莫干山有着底蕴深厚的历史文化。莫干山的历史文脉起源于春秋末年，兵器文化尤为突出，由此在莫干山形成了大量诸如剑池、磨剑石等兵器文化景观。此后，宗教文化一度盛行。寺院、道观大批兴建。从明清开始，莫干山形成以"五大丛林"为代表的宗教文化：天泉寺、天池寺、铜山寺、高峰寺、石颐寺。清末民初，众文人上山游览观寺，由此留下了大量文人画作和诗文，民国词人白曾然的《甲寿岩记》是代表之一。晚清时期，战乱不安，外来宗教文化传入莫干山，由此出现了各式各样西方风格建筑，天主教堂、礼拜堂逐渐代替了原本破败的寺院。随之，受西方影响，避暑文化被引入莫干山，且影响至深，延续至今成为莫干山主体文脉。避暑文化作为莫干山的主题特色文化延续至今。许多历史人物在莫干山避暑胜地都留下过足迹。

随着休闲旅游和体验经济的发展，莫干山在历史文脉的基础上，打造出如民国图书馆、艺术邮票馆、庚村文化集市等景点，为民宿游客提供了更丰富的文化体验。此外，如莫干山名茶、莫干山黄芽、笋干、庚村咸菜老面等地方特色美食为游客提供了独特的味觉体验。

（三）中外融合

19 世纪末，独特的自然生态吸引了大批外国人在莫干山兴建住宅，引入西方文化，由此，建筑、美食、经营理念等的中西合璧成为莫干山特色。建筑上，大批外国人在莫干山筑屋，建筑设计多倾向哥特式建筑、巴洛克建筑、欧式城堡等风格。又受材料和技术限制，兴建民宿的材料多就地取材，因此也融入了东方元素。民国时期，本地居民动手盖房，中式建筑随处可见，其中也融入了一些外国元素，如有部分民国老房子镶嵌了虎窗。至今莫干山上还保留着 200 余间海派风情的建筑小屋，如裸心堡的前身是苏格兰传教士医师梅滕更建立的城堡式别墅。这些房屋经过岁月的沉淀，依然保留着传统的特色。近年来莫干山民宿以地方文化风格为主，就本土文化而言，"新""旧"并存，继续保持莫干山中西合璧建筑风格。

莫干山民宿生态环境优越，物产丰富，如时令竹笋、散养山鸡、水库溪鱼和喝山泉水长大的土猪，等等，均为烹饪山野风味的独特原生食材。其口感鲜美，营养均衡且具有辅助保健功效。莫干山一家民宿的菜单，体现了多元化的美食搭配，不只有年猪饭、打年糕、桃泥汤等原汁原味的莫干山农家菜，还有专业厨师改进的传统菜肴，新式美味。在外国人经营的民宿里，还能品尝到民宿主人中外融合的菜肴，为民宿游客带来独特的味觉体验。此外，杨梅、桑葚等酿造的美酒也是莫干山特色美食之一。

中外融合的经营管理理念是莫干山民宿的第三大品牌特色。中国传统文化尊重万物和谐，尊重自然生态，故而莫干山民宿的建筑多依山傍水。生态环保是莫干山民宿经营理念的重心。如裸心堡利用先进的工艺，不仅高效地利用了光和热资源，还利用污水处理系统对水循环进行治理，最大限度地保护了生态环境。同时莫干山民宿设计也遵循了保护生态的原则，没有损害植被、土地，把房屋附近的植被设计成民宿特有的风景。在建筑布局上也采用现代手法与传统方式相结合的形式。另外，民宿中也保留了本土元素，如灰瓦、白墙的清新基调，绿松石及木屋顶上的朴素花纹，还有茅草、老木这些简单的建材，雕花梁、马槽等老物件，这一切，在中外设计师的手中，无不体现着莫干山特有的创意元素。

（四）高端品质

莫干山民宿主要客源是长三角地区追求健康生活的白领和热爱户外运动的人群。莫干山与上海、杭州、南京等发达城市毗邻，这里经济相对发达，且消费水平偏高。城市白领工作压力大，追求健康生活，推崇自然生态，依据市场定位，莫干山民宿着力打造高端定位，具有品牌价值和主题特色的服务产品。

品牌价值即功能价值，以及情感价值，自我价值，由感性价值与理性价值两部分构成，以满足消费者情感价值为宗旨。莫干山民宿着力塑造理性价值理念，打造感性价值。首先在建筑产品上，莫干山民宿坚持就地取材，使用当地石材和木料筑屋，设计上保留原生态，不破坏植被，坚持低碳环保原则，以最大程度保护环境。2017 年"云溪上"民宿推出行业内第一款"包层"系列，其充分利用民宿各层的空间，单独设计了不同的娱乐场景，使空间价值达到最大，又最大程度满足了顾客的私密需求。

个性化的服务、多样化的娱乐设施是莫干山住宿满足旅游者食、住、行、游、娱所需的主要特点。诸如"裸心堡"酒店拥有各国厨师供应的各国美食。莫干山"郡安里"度假村提供温泉、越野赛、骑马等服务，西坡设有图书馆、台球室、乒乓球室和其他休闲娱乐设施。此外，2016 年，美国电视制作品牌 Discovery 在莫干山近 200 米的地方建造了全球首个 Discovery 探索极限主题公园，引入了丛林滑雪、空中挑战、野外生存这些充满异国风情的项目。该项目不仅为当地居民带来丰富的户外活动乐趣，更吸引了众多游客前往观赏美景、享受美食和进行户外运动。另外月潭室外休闲体验基地以及全国各大运动户外品牌，如深园户外营地等亦相继进驻，促进了莫干山体育产业蓬勃发展。在此背景下，莫干山运用体育产业进行资源整合，积极配合各乡镇主要体育基地的建设，并且根据不同消费群体的特征，开展如亲子互动、情侣冒险等活动，承办如企业集团的团建等活动。

"锻炼加生活"成为莫干山融合发展的新业态，符合新一代消费者对自由的追逐、彰显自我价值之需要。

第二节 研究量表测度

一、民宿特色测量量表

民宿特色是本书研究模型的关键变量，而且目前国内外关于民宿特色的定量研究甚少。基于此，有必要在原有量表的基础上进行情景化的民宿特色量表开发，以便更好地把握民宿特色对住宿体验和再宿意愿的影响机制。本书在第二章质性分析中，借助扎根理论质性分析法，总结归纳出民宿特色的三个维度，即主题的特色、符号的特色、活动的特色。目前国内外旅游学界甚少对民宿特色进行探讨研究，并没有现成的量表得以借鉴。本书主要根据第二章扎根理论质性分析结果和网络文本数据资料，对量表的题项进行编写。鉴于民宿特色的维度构成与其他旅游情境下的特色维度有部分相似之处，本书参考现有的酒店特色测量题项，生成民宿特色初始量表，初始量表中共有 43 个测量题项。

考虑到民宿特色作为本书的核心变量，本书采用德菲尔法和小组讨论法对初始测量量表进行修订和完善。首先是小组讨论。由 5 名旅游学和营销学专家组成专家组进行探讨审核。文章借鉴专家组提出的意见对测量量表作出相应修改和完善。然后去掉重复、内容交叉、模糊、不贴切的题项，调整表述不合理、表达不清晰的题项。最终得到民宿特色量表 3 个变量，41 条测量题项。民宿特色各变量的操作性定义及测量题项如表 4-1 所示。

（一）操作性定义

本书民宿主题的特色操作性定义：主题的特色是指民宿依托当地资源，以某一特定主题来体现民宿建筑风格、装饰艺术，以及特定的文化氛围，让顾客获得富有个性的文化感受。符号的特色操作性定义：符号的特色体现了顾客在入住民宿所产生的感官刺激，即主要停留在对民宿视、听、嗅、触等感官接触中，是对符号外在形式的一种体验和情感激发。活动的特色操作性定义：活动的特色是指顾客在特色民宿体验中所享受的一种有形和无形服务体验及延伸出的互动。

（二）测量题项

本书结合相关理论基础、既有文献和前文的质性研究归纳出民宿特色的测

量题项，具体包括：品牌意识，环境符号、美学符号、主客互动等内容，共设有
41 个测量题项，如表 4-1 所示。

表 4-1　民宿特色量表

编号	维度	测量指标
AA1	主题的特色	民宿提供或介绍民宿活动体验项目
AA2		民宿经营者会说当地方言
AA3		民宿经营者会唱民族（当地）歌曲／戏曲
AA4		民宿宣传和讲解民族（当地）传统节日
AA5		民宿经营者展示或会跳民族（当地）舞蹈
AA6		民宿展示或介绍民族非遗艺术
AA7		民宿展示介绍当地的人文风情
AA8		民宿经营者是当地人
AA9		民宿建筑具有地方特色
AA10		民宿饮食有地方特色
AA11		民宿有民族文化的饰品
AA12		民宿经营或服务者身穿民族服装
AA13		民宿装修有地方特色
AA14		民宿坐落在古镇
AA15		民宿在其他民宿中真的很突出
AA16		该民宿不同于其他民宿
AA17		该民宿提供的住宿体验与其他民宿非常不同
AA18		即使是同类型的特色民宿，这个民宿给我带来的体验也是不同的
AB1	符号的特色	民宿能够最大限度地利用日光，保持环境友好
AB2		民宿能够在室内采用植物装饰，营造自然氛围
AB3		民宿内的温度保持在舒适的水平
AB4		民宿的室内散发着宜人的自然清香
AB5		民宿的空气质量非常接近天然新鲜空气
AB6		民宿内的公共卫生环境良好
AB7		民宿的室外有一种舒缓的自然香气
AB8		民宿的户外保持得很干净
AB9		民宿室外的空气质量非常清新

表 4-1（续）

编号	维度	测量指标
AB10	符号的	民宿周边的公共卫生环境良好
AB11	特色	民宿使用当地的特色工艺品装饰
AB12		民宿采用感应照明系统，节约能源
AB13		民宿不使用或很少使用塑料
AB14		民宿使用的很多产品由可回收材料制成
AB15		民宿的外观美观大方
AB16		民宿的陈设很有美感
AB17		民宿的室内设计和装饰都很艺术
AC1	活动的	组织民宿活动的工作人员是专业的
AC2	特色	该民宿的活动已经足够好了
AC3		该民宿举行的活动值得参加
AC4		民宿提供的活动满足了我的需求
AC5		民宿内其他游客的行为给我留下积极的印象
AC6		我与其他顾客的互动使我对这家民宿服务的认知产生了积极的影响

二、住宿体验测量量表

马斯洛的需要层次理论将需要划分为生理需要、安全需要、爱与归属、尊重与自我实现五个层次，认为较高层次的需要源于对低层级需要的满足。该理论在本书同样适用。游客入住民宿最先体验到的是有形产品，最先通过视觉、嗅觉，接触产品，满意后再追求触觉、味觉等更高一层级的需求。低层级需求的满足是更高层次需求的驱动力。因游客个人偏好不同，许多学者将住宿体验运用到酒店、民宿等研究中，并表达了自己的观点。目前较受关注且具有一定代表性的是 Oh 等（2007）开发的一个量表，其重点关注住宿，并提出四个维度（教育、审美、娱乐和逃避），其能够较为准确地预测民宿整体服务质量和消费者满意度。民宿的住宿体验在细分维度上也发生了一些变化，近些年来研究者提出了一种新的住宿体验结构，如 Foroudi 等（2016）提出住宿体验应该包括情感体验和智力体验两种。Harkison 等（2018）认为，住宿体验关键要素应该包括情绪和独特性。

本书在前期理论和文献基础上将住宿体验定义为"游客在入民宿时，与民宿提供的产品、服务、环境等特征交互后所产生的系列情绪情感体验"。本书住宿体验测量量表主要参考上述成熟量表,鉴于本书的情境是民宿旅游,所以,对上述测量量表进行了适当的调整与修改。本书结合前文质性研究结果,将住宿体验分为新颖体验、舒适体验和愉悦体验三个变量。民宿特色各变量的操作性定义及测量题项如表 4-2 所示。

（一）操作性定义

新颖体验是指游客入住民宿期间体验到意外、惊喜和兴奋的情绪。游客在较短游玩时间内无法体验到民宿的所有方面,但是新奇的、独有的特征是游客最先且最愿意捕捉到的体验。舒适体验是指游客在民宿体验中产生的畅快、舒服情绪。舒适体验不仅仅是身体上的舒适,顾客更加关注的是入住民宿整个体验过程中心理上的舒适。舒适体验让客人有宾至如归的感觉,进而更愿意再次选择该民宿。愉悦体验是指顾客在民宿的住宿环境中感到快乐和满足。

（二）测量题项

借鉴已有变量题项设计,结合前文质性分析结果,住宿体验变量包括独特体验、有趣体验、真实体验等测量题项,共 12 个测量题项,具体如表 4-2 所示。

表 4-2　民宿住宿体验量表

编号	维度	测量指标	来源
BA1	新颖体验	入住这家民宿使我有一种冒险家的体验	Harkisn（2018）
BA2		入住这家民宿给我一种真实的体验	Foroudi（2016）
BA3		入住这家民宿给我一种全新的感受	Kauppinen-Räisänen（2018）
BA4		这家民宿给我一种不同于以往的入住体验	
BA5		我能明显感受到这家民宿带来的独特体验	Sidali（2015）
BB1	舒适体验	在该民宿入住感到轻松自在	Spake（2003）
BB2		在该民宿入住感到很舒适	Toyama 和 Yamada（2012）
BB3		自从来到这家民宿我感到很放松	
BC1	愉悦体验	入住这家民宿是一次非常有趣的体验	本书质性研究
BC2		入住这家民宿是一次满足的体验	
BC3		我享受这家民宿带来的体验	
BC4		入住这家民宿是一次开心、放松的体验	

三、顾客再宿意愿的测量量表

受产品广告、宣传册、媒体宣传片、亲朋好友口碑等影响，购买产品之前，消费者在心里对产品与服务会产生一定的预期，随后对产品体验，与之前预期相比较，若实际体验超出预期值就会愿意再次购买，若实际体验没有达到预期效果则会感到不满意，没有再购买的意向。顾客的再购买意愿影响产品的口碑，亦有助于民宿增加经济收入。刘亚萍（2013）以乡村体验型游客为研究对象，研究发现重游意愿随个人偏好、体验期待和体验行为的差异改变。研究对象与研究现象的迥异使得学者们对再宿意愿的概念有些许差异。根据 Amoako（2021）、Peng和 Chen（2019）等对再宿意愿的理解，本书实际研究设置了三个测量指标测量再宿意愿。

（一）操作性定义

借鉴 Amoako、Peng 和 Chen 等学者对再宿意愿的分类和定义，再宿意愿的操作性定义：顾客的再宿意愿是顾客实际体验与预期值评估结果之间的函数，是预期影响与实际评估之间的比较。

（二）测量题项

结合已有研究中对再宿意愿的定义和指标设置，再宿意愿变量测量内容包括推荐他人、再次选择、持续关注共 3 个测量题项，具体如表 4-3 所示。

表 4-3　顾客再宿意愿量表

编号	测量指标	来源
DA1	我会把这家民宿推荐给朋友或同事	Amoako 等（2021）
DA2	如果这家民宿的收费比其他同类稍高，我仍然会选择这家民宿	Peng 和 Chen（2019）
DA3	我会一直关注这家民宿	

四、求新动机的测量量表

当前旅游学界对于求新动机存在着单一维度和多维度两种度量。顾客的求新动机会影响购买行为，顾客的求新动机高，就会对新奇产品具有更高忠诚度。本书求新动机的概念是指：消费者对产品的内在需求和重视程度。本书将求新动机作为调节变量，检验住宿体验与再宿意愿之间的影响。求新动机受顾客主观意愿影响，因此本书主要采用寿东奇等（2017）提出的量表进行衡量。笔者依据研究情况，对其测量指标作了适当的修正，用五项指标来衡量求新动机。

（一）操作性定义

借鉴寿东奇等学者对求新动机的定义，本书求新动机的操作性定义：求新动机是指顾客本身具备冒险、创新等特质，商家为客户提供产品或者服务，以满足他们对新颖体验的追求，从而带动消费行为；即使顾客产生的满意度高，顾客有时会选择新产品而不会重复购买旧产品，这一情况归因于顾客具有求新动机。

（二）测量题项

根据相关研究和理论基础，求新动机变量包括独特环境、不同文化和风土人情等内容，包括九个测量题项，具体如表4-4所示。

表4-4　求新动机量表

编号	测量指标	来源
CA1	体验不同文化和风土人情	寿东奇等（2017）
CA2	购买当地特色的旅游产品	姜嵘嵘等（2018）
CA3	体验当地特色饮食	
CA4	富有特色的住宿环境	
CA5	友好的当地居民	
CA6	感受当地居民生活	
CA7	可以体验各种各样的事物	
CA8	游览后可以增加自己的谈资	
CA9	旅游过程中有机会接触不同背景的人	

第三节　小结

本章是对实证研究的铺垫和基础。首先，对案例地选取做了详细介绍。德清县莫干山民宿作为优秀体验型民宿符合文章的研究需求。此外，莫干山民宿作为全国民宿代表，对其进行研究具有较强应用价值。其次，文章采取实地调研的方式开展研究，实地调查采取发放问卷的方式，收集数据，分析入住过莫干山民宿游客的住宿体验和满意度。实地调研的结果能够全面还原顾客对民宿特色体验及再宿意愿的形成。

本章另一主要内容是开发了民宿特色量表、住宿体验量表以及再宿意愿量表。其中，民宿特色量表和民宿住宿体验量表为本书在前人理论研究和本书质性研究基础上自主开发而成，再宿意愿和求新动机量表则采用已成熟的量表。

第五章 基于问卷调查的民宿特色对再宿意愿 影响机制的实证分析

第一节 问卷设计

一、问卷设计的原则与步骤

（一）问卷设计的原则

问卷的编制必须符合合理性原则、逻辑性原则、准确性原则和客观性原则等。合理性原则是指问卷设计必须紧扣主题，即围绕调查问题和调查对象设置题目，防止与主题不相关题目消耗调查对象的耐心，导致答题不配合进而影响准确度；逻辑性原则要求问卷设置题目具有整体逻辑性和问题之间的连贯性，充分保证整体问卷的信度；准确性原则是指问卷设置过程要充分考虑调查对象的客观性和差异性，选择简单易懂的语言叙述问题，保证题目的普适性，提高调查对象的理解范围，提升问卷的有效性；客观性原则是指问卷设计避免倾向性[1]问题，"有时候人们会不恰当地借调查研究之名来达到不同目的"[2]即客观性原则提升问卷的真实性。基于此，问卷的设计要保证紧扣主题，逻辑连贯，真实有效。

（二）问卷设计的流程

问卷是一种系统的数据收集技术，包括需要受访者回答一系列的问题，以确定他们对研究主题的态度和行为。问卷调查中最关键的部分之一是提出问题，这些问题必须以一种能够从应答者那里获得所需信息的方式构建。问卷设计一般涵

---

[1] 艾尔·巴比对问卷调查中的倾向性解释为：倾向于将被测量的事物向某特定方向的测量设备的特性。

[2] 艾尔·巴比. 社会研究方法（第10版）[M]. 邱泽奇，译，北京：华夏出版社，2009：245–246.

盖以下几个阶段。

（1）明确研究设计所需要的信息并开展资料收集。这是设计问卷的第一步，也是最重要的一步，即明确需要从受访者那里获得的信息，以便实现调查的目标。研究人员必须全面考虑问题的组成部分，特别是假设、研究问题和所需的信息。因此，本书梳理了国内外关于民宿特色、住宿体验、再宿意愿的相关测量量表及理论构建，结果表明特色民宿近几年在实践层次上取得了迅速的发展，但是目前未有直接的研究对民宿特色进行概念性测量，且从多维的角度探讨特色民宿的住宿体验。

（2）核心概念的内容界定。问卷设计前需辨析确定核心概念。特色民宿不同于普通民宿，更多在于特色的异质性。特色最早被应用于公园的设计上，然而，特色环境包含大量不同的场所和空间（如，游轮、动物园、餐馆、酒吧、博物馆、酒店、景观，甚至游戏设计）。特色环境在旅游业中构成了自己的类别，已经广泛应用于酒店旅游住宿。特色环境通常包括大量的专业领域，如建筑、人员培训、声音和音乐设计、程序设计、食品和饮料开发、市场营销、故事开发、灯光设计等。但是目前学界对于特色的理论研究相对匮乏，尤其是结合新兴的住宿形式——民宿。故而关于特色民宿的特殊性必然会导致在住宿体验上的差异，传统的住宿体验测量并不能完全适用于特色民宿。

（3）核心概念的操纵化及分解。通过对核心概念的操纵化和分解，即确定概念含义及涵盖维度有助于确定问卷结构。因此，本书中，特色的概念的确定需要结合以往研究和实践特点。主题特色设计自身就代表了一种特定的文化（Ebster 和 Guist, 2005）。[①] 有研究表明在主题酒店的实践设计中将文化主题与当地的食物、音乐、颜色和装饰相结合，以促进旅客"生活在当地文化中"的可能性，最终增加主题特色的真实性。因此，本书中特色的概念紧紧围绕民宿所在环境的特殊性和设计的特殊性。本书中民宿的住宿体验测量结合了既往研究将抽象概念转化为具体的可设计问题。

（4）确定问卷形式。研究人员必须确定问卷中所包含的问题的结构。问题可以是结构化的，也可以是非结构化的。非结构化问题是由被调查者用自己的话回答开放式的问题。这些问题也被称为自由回答或自由回答问题。结构化问题被

---

① Ebster, C., Guist, I. The Role of Authenticity in Ethnic Theme Restaurants[J]. Journal of Foodservice Business Reseaech, 2005, 7（2）：41–52.

称为封闭式问题，它预先指定了回答备选项。这些问题可以是多项选择题、二分法（是或否）或量表。本书主要是通过实证研究的方式去探索民宿特色对再宿意愿的影响机制，因此本书将采用李克特评分的方式进行问卷设计。

（5）问卷编排。也就是要对整个问卷进行排版与布局设计，其中最为关键的就是要明确问卷内容结构。本书的问卷编排结构主要分为以下几个部分：第一部分为问卷样本甄选题，在该部分会设置系列甄选题判断调研对象是否符合研究要求，主要通过询问入住经历、入住民宿名称等确定；第二部分为调节变量求新动机、自变量民宿特色、中介变量住宿体验、因变量再宿意愿的测量；第三部分为人口统计学信息，主要询问调研对象的性别、年龄、月收入、入住动机、入住形式、价格区间等信息。

（6）问卷调整修改。一般而言，完整的问卷设计需要通过预测试和正式调研两个部分完成。在预测试阶段，可以先初步对不合理题项和概念结构进行优化剔除从而形成可用于正式调研所需的问卷；在正式调研阶段，主要通过优化后的问卷测量数据对结构模型进行验证。

二、民宿再宿意愿影响机制的问卷设计

（一）"民宿特色"的问卷设计

在酒店行业研究中，主题酒店可以定义为"专注于某一特定文化、配备独特的主题设计、建筑和装饰以及独特的服务设施的任何住宿酒店"。根据这一定义，可以认为主题酒店是指任何一家将其有形资产（设计、装饰、设施、便利设施）、员工和无形资产（例如服务和活动）建立在独特而强烈的主题之上，并为客人提供难忘体验的酒店。民宿具有与一般住宿业态不同的特点，民宿更强调当地特色文化和凸显所具有的特色主题文化。因此，本书基于 Åstrøm（2020）提出的旅游行业主题化设计理论并结合前文质性研究，将民宿特色细分为三个维度：主题的特色、符号的特色、活动的特色。

在旅游研究中，主题设计一般会通过创建一个有形的品牌身份建立顾客与主题品牌之间的联系，从而唤起顾客对主题品牌的意识从而增加顾客的体验价值，让顾客感觉他们与这个地方有联系。主题化的核心思想是"用给定品牌身份的无所不在和无所不能吸引顾客"。主题环境可以是一种体现品牌的方式，通过增加感官体验，将其与物理位置连接起来，并将访问者包围在一个品牌氛围中，这种

氛围会使顾客的购买意愿或者访问意向得到提升。对于民宿而言，民宿本身就反映了一种独特的旅游文化，进而民宿业态还形成了个性化的主题文化氛围，包括环境文化景观、室内主题文化元素、房客接待者言行、服饰等，强调其独特的文化或地理位置的重要性。综上，针对主题的特色的测量，采用李克特量表方式进行，1代表非常不赞同，2代表不赞同，3代表一般，4代表赞同，5代表非常赞同。

顾客在酒店中主要的体验对象是酒店产品及服务，对于顾客来说，酒店符号的特色是对顾客感官的主要刺激，对顾客的入住体验有重要影响。据索绪尔符号学有关研究表明，对于酒店外在形态的知觉是"能指"，指看、听、闻、触等感官接触时对于酒店外在形态的感受。而对酒店符号意义的了解和深刻体悟就是"所指"，这是指在外在形式的理解上顾客情感状态的激发（邬伟伟，2017）。因此，拓展到特色民宿领域中，本书认为顾客对民宿特色符号的认知同样会影响特色民宿体验及衍生的消费行为。综上，针对符号的特色的测量，采用李克特量表方式进行，1代表非常不赞同，2代表不赞同，3代表一般，4代表赞同，5代表非常赞同。

活动的特色反映了游客在民宿体验中所接受的一种有形和无形服务体验及延伸出的主客互动。它主要包括民宿员工和游客的交互、民宿推出营销活动游客纷纷参与其中、游客和游客的交往等等。尤其是顾客参与活动也是一种积极关系的形成模式，有助于促进良好体验的形成（Visone，2018）[①]。综上所述，针对活动的特色的测量，采用李克特量表方式进行，1代表非常不赞同，2代表不赞同，3代表一般，4代表赞同，5代表非常赞同。

（二）住宿体验的问卷设计

体验即个人体验，要求顾客从不同层面参与进来，即理性的、感官的、身体的和情感的体验。Oh等（2007）开发量表，重点关注住宿体验，并提出四个维度（教育、审美、娱乐和逃避），以上几个维度能够较准确地预测整体服务质量和消费者满意度。国内研究者谢彦君（2006）在构建旅游体验模型的基础上，强调旅游高峰体验是一种忘我的状态，摆脱恐惧、不安、怀疑、紧张等负面情绪，身心沉醉于旅游吸引物中。但是民宿的住宿体验在细分维度上也发生了一些变化，近些年来研究者提出了一种新的住宿体验结构，如 Foroudi 等（2016）提出住宿

---

① Visone, J. D. Empowerment through a teacher leadership academy[J]. Journal of Reasearch in Innovative Teaching & Learning, 2018,11（2）:192-206.

体验应该包括情感体验和智力体验两种。Harkison 等（2018）认为，住宿体验关键要素应该包括情绪和独特性。因此本书在前期质性研究和文献梳理基础上将住宿体验定义为"游客入住特色民宿时，与民宿提供的产品、服务、环境等特征交互后所产生的系列情绪情感体验"。同时将住宿体验细分为：新颖体验、舒适体验、愉悦体验。上述变量和维度的测量均以李克特量表的形式完成，1 代表非常不赞同，2 代表不赞同，3 代表一般，4 代表赞同，5 代表非常赞同。

（三）再宿意愿的问卷设计

再宿意愿在旅游研究领域是相对成熟的研究变量，因此本书通过整理相关国内外文献，将民宿再宿意愿概念定义为"游客有过选择民宿这种住宿方式的经验并且愿意之后再次选择入住该民宿，以及向他人推荐民宿这种方式的主观意愿。"具体测量题项主要参考 Peng 和 Chen（2019）的研究成果，采用李克特量表方式进行，1 代表非常不赞同，2 代表不赞同，3 代表一般，4 代表赞同，5 代表非常赞同。

（四）求新动机的问卷设计

求新动机，主要是指旅游者自身有探险、求新和其他特征，商品可以为消费者提供满足他们对新奇的追求并推动消费行为。本书中求新动机采用的是已有研究成果，主要基于寿东奇等（2017）和姜嵘嵘等（2018）的研究，采用李克特量表方式进行，1 代表非常不赞同，2 代表不赞同，3 代表一般，4 代表赞同，5 代表非常赞同。

第二节　问卷预调研及修正

依据本书所构建的理论模型和理论研究，问卷测量变量设计还有待初步检验，以使问卷更加接近民宿的实际状况，能够达到检验模型之目的。另外，由于变量间关系错综复杂且难以直接观测，故无法对变量之间的影响程度准确把握。所以本书首先对小样本做了探索性因子分析，为了证实变量是否科学，是否适用，从纷繁复杂的变量中抽取聚合性较强的因素，保证问卷结构合理等，为随后正式调研大样本调查分析工作提供了合理依据。

一、预调研过程及样本描述统计

（一）预调查过程

问卷预调查涵盖以下三个部分，第一部分为甄选题项，目的在于筛选出具有特色民宿入住经历的参与者，详细题项见附录 A。

第二部分是各变量测量题项，问卷结构以李克特五级量表形式编制。具体来说，民宿特色、住宿体验、求新动机以及再宿意愿的测量采用李克特量表形式，每一选项分别代表不同的含义，"1"表示为非常不同意，"5"表示为非常同意，"3"表示一般，"4"表示同意，"2"表示比较不同意。

第三部分为人口学部分，涵盖参与者年龄、性别、月收入、职业等信息。

问卷预调研全部采用线下实地发放的方式，实施地点选择在浙江省湖州市德清县风景区进行。2022 年 5 月 1 日至 12 日，在湖州德清县莫干山的 13 个不同民宿发放初始问卷供游客作答，同时为了提高游客的答题兴趣和问卷的准确率，给每个答题游客提供不同的礼品，游客作答中用录音笔和笔记本分别记录和答疑以便后续修改和完善问卷。最终共发出 324 份调查问卷，回收问卷 305 份，回收率为 94.13%。除去无效数据，剩余有效问卷 298 份，有效率 97.7%，满足问卷调查有效率，可用作分析样本。

（二）预调研样本描述分析

如表 5-1 所示，本次预调研中，女性样本达到了 58.73%。样本中有 50.34% 为"21～30 岁"，"31～40 岁"样本的比例是 39.93%。月收入中 43.62% 选择"5 001～10 000 元"。还有 38.59% 的样本为"10 001 元及以上"。样本中有 73.15% 为"本科"。在职业方面，样本"企业职员"数量比较大，占比 77.52%。综上，目前主要样本人群为中青年人群、学历水平较高且具有较高的收入水平，但考虑到研究主题的特点，研究样本呈现出一定的集中性是可以接受的且符合既往研究规律。在正式研究时，可以进一步增加样本量，使问卷更具代表性。

样本中有 84.23% 的参与者表示一年里特色民宿入住次数为"1～5 次"，表明目前特色民宿已经成为游客较高频的住宿选择。同时，入住形式中有 50.00% 的样本选择"与家人一起旅行"。另外"与朋友一起旅行"样本的比例是 45.97%，而选择"独自出行"的样本极少，可见特色民宿更多的是契合具有群体交往和人际需求的游客。样本中参与者的入住动机中超过 5 成样本选择"放松身心",另外观光游览样本的比例是 41.95%,这进一步表明特色民宿更多的是满足游客休闲和放松需求。

表 5-1　人口学统计信息

名称	选项	频数	百分比 /%
性别	女	175	58.72
	男	123	41.28
年龄	0～20 岁	10	3.35
	21～30 岁	150	50.33
	31～40 岁	119	39.93
	41～50 岁	11	3.69
	51～60 岁	8	2.68
	60 岁以上	0	0
月收入	3 000 元及以下	22	7.38
	3 001～5 000 元	31	10.40
	5 001～10 000 元	130	43.63
	10 001 元及以上	115	38.59
学历	初中及以下	2	0.67
	高中/中专	9	3.02
	大专	41	13.76
	本科	218	73.15
	研究生及以上	28	9.40
职业	企业职员	231	77.52
	全日制学生	33	11.07
	公务员	13	4.36
	其他	5	1.68
	教师或科研人员	14	4.70
	自由职业者	2	0.67
入住次数	1～5 次	251	84.23
	6～10 次	44	14.76
	10 次以上	3	1.01

表 5-1（续）

名称	选项	频数	百分比 /%
入住形式	与家人一起旅行	149	50.00
	与朋友一起旅行	137	45.97
	独自旅行	12	4.03
入住动机	交流体验	10	3.36
	增进人际关系	8	2.68
	增长知识	3	1.01
	放松身心	152	51
	观光游览	125	41.95
合计		298	100

二、测量项目的信度分析

完整的问卷设计需要通过预测试对问卷题项进行优化，因此本书通过预调研数据对问卷题项的有效性和合理性进行分析，以进一步保证正式调研的顺利进行。目前主要是通过 CITC（题总相关系数）来进行判断，当 CITC 小于 0.5 时，就需要删除该项目。而当 Cronbach α 值高于 0.7 时，则表明该潜变量信度系数符合研究标准，若信度系数在 0.5 与 0.7 之间，则需要对该潜变量的题项进行删减修改。如果信度系数在 0.5 以下，那么问卷的设计是很有必要的。同时，信度检验中如果删除了某个题项，潜变量 Cronbach α 值高于全部潜变量 Cronbach α 值，那么就有必要把这个题目去掉。总之，本次预调研中采用了如下删减优化标准：①若题项的 CITC 小于 0.5，删去题项；②如果在删除这个问题项之后，Cronbach α 值比所有潜变量 Cronbach α 值都大，删去题项；③若潜变量的 Cronbach α 值低于 0.7，那么将重新设计本书问卷。本书针对有效的 298 份样本，借助 SPSS 25.0 对预调研数据中的进行 CITC 分析和信度分析。

如表 5-2 所示，预调研研究采用 Cronbach's α 系数对问卷的总体信度进行了测试，结果显示本次问卷总体信度系数达到了 0.961，表明问卷信度较好，综合表明数据信度质量较好，可以作为后续分析的依据。

表 5-2　整体问卷的信度系数

项数	样本量	Cronbach α 系数
60	298	0.961

（一）民宿特色量表的信度分析

各变量的信度检测结果如表 5-3 所示，对于民宿特色变量，其包含了三个维度，分别为主题的特色、符号的特色、活动的特色。主题的特色维度测量题 Cronbach's α 系数都超过了 0.9，所以针对主题的特色维度测量题项不进行删除，符号的特色测量题 Cronbach's α 系数都超过了 0.8，对于"CITC 值"，题中"B7"所对应 CITC 值在 0.2 ~ 0.3 范围内，表明它与剩余分析项相关关系弱，题项"B11"所对应 CITC 值在 0.4 以下，其他问题项 CITC 值均在 0.4 以上，因此针对符号的特色维度需要删除以下两个题项：B7（这家民宿使用当地的工艺品装饰）；B11（该民宿的外观美观大方）。活动的特色维度测量题项 Cronbach's α 系数都超过了 0.7，针对"CITC 值"，各题项均高于 0.4，说明信度水平良好，予以保留全部题项。

（二）住宿体验量表的信度分析

如表 5-3 所示，对于住宿体验变量，其包含了三个维度，分别为新颖体验、舒适体验、愉悦体验。新颖体验维度测量题项 Cronbach's α 系数都超过了 0.7，针对"CITC 值"，题项"D4"（这家民宿给予了我一种不同于以往的入住体验）对应的 CITC 值小于 0.4，应删除此题项。舒适体验维度测量题 Cronbach's α 系数都超过了 0.7，针对"CITC 值"，各题项均高于 0.4，说明信度水平良好，予以保留全部题项。愉悦体验维度测量题 Cronbach's α 系数都超过了 0.7，针对"CITC 值"，各题项均高于 0.4，说明信度水平良好，予以保留全部题项。

（三）求新动机量表的信度分析

如表 5-3 所示，对于变量求新动机，各题项 Cronbach's α 系数都超过了 0.8，对于"CITC 值"，每道题项都在 0.4 以上，表明信度水平较高，适合保留所有的题项。

（四）再宿意愿量表的信度分析

如表 5-3 所示，对于变量再宿意愿，各题项 Cronbach's α 系数都超过了 0.7，针对"CITC 值"，各题项均高于 0.4，说明信度水平良好，予以保留全部题项。

表 5-3 各观测变量的信度检测

变量	维度	名称	校正项总计相关性（CITC）	项已删除的α系数	Cronbach α系数	备注
民宿特色	主题的特色	A1	0.830	0.961	0.964	保留
		A2	0.828	0.961		保留
		A3	0.787	0.961		保留
		A4	0.882	0.960		保留
		A5	0.782	0.961		保留
		A6	0.809	0.961		保留
		A7	0.845	0.960		保留
		A8	0.652	0.963		保留
		A9	0.786	0.961		保留
		A10	0.800	0.961		保留
		A11	0.782	0.962		保留
		A12	0.711	0.963		保留
	主题的特色	A13	0.817	0.961	0.964	保留
		A14	0.699	0.963		保留
		A15	0.728	0.962		保留
		A16	0.683	0.963		保留
		A17	0.662	0.963		保留
	符号的特色	B1	0.746	0.853	0.875	保留
		B2	0.622	0.861		保留
		B3	0.715	0.855		保留
		B4	0.672	0.858		保留
		B5	0.656	0.859		保留
		B6	0.686	0.857		保留
		B7	0.294	0.883		删除
		B8	0.617	0.861		保留
		B9	0.579	0.864		保留
		B10	0.520	0.871		保留
		B11	0.343	0.877		删除

表 5-3（续 1）

变量	维度	名称	校正项总计 相关性（CITC）	项已删除的 α 系数	Cronbach α 系数	备注
民宿 特色	活动的特色	C1	0.485	0.768	0.788	保留
		C2	0.570	0.747		保留
		C3	0.524	0.759		保留
		C4	0.568	0.748		保留
		C5	0.561	0.750		保留
		C6	0.519	0.760		保留
住宿 体验	新颖体验	D1	0.668	0.662	0.770	保留
		D2	0.659	0.671		保留
		D3	0.637	0.680		保留
		D4	0.355	0.828		删除
	舒适体验	E1	0.732	0.710	0.826	保留
		E2	0.659	0.784		保留
		E3	0.658	0.783		保留
住宿 体验	愉悦体验	F1	0.588	0.781	0.811	保留
		F2	0.596	0.778		保留
		F3	0.663	0.746		保留
		F4	0.667	0.744		保留
求新 动机		G1	0.681	0.873	0.888	保留
		G2	0.675	0.873		保留
		G3	0.659	0.875		保留
		G4	0.670	0.874		保留
		G5	0.660	0.875		保留
		G6	0.655	0.875		保留
		G7	0.645	0.876		保留
		G8	0.546	0.885		保留
		G9	0.610	0.880		保留

表 5-3（续 2）

变量	维度	名称	校正项总计相关性（CITC）	项已删除的 α 系数	Cronbach α 系数	备注
再宿意愿		H1	0.667	0.723	0.800	保留
		H2	0.553	0.778		保留
		H3	0.577	0.769		保留
		H4	0.661	0.728		保留

三、测量项目的效度分析

预调研数据采用通用的 KMO（Kaiser-Meyer-Olkin measure of sampling adequacy）方式来进行因子分析的数据处理，一般而言，用于判断效度的因子分析标准主要为以下几个方面：首先，KMO 值要高于 0.7；其次，Bartlett's 球形检验符合要求（P<0.05），说明本书问卷适合进行因子分析。因此，本书将验证问卷整体的效度，如表 5-4 所示，KMO 值为 0.941，Bartlett's 球形检验满足要求（$P<0.05$），表明本书数据非常适合提取信息。

表 5-4　问卷整体的 KMO 和 Bartlett 检验

KMO 值		0.941
Bartlett's 球形检验	近似卡方	8900.341
	df	990
	p 值	< 0.001

接着，在 KMO 检验与 Bartlett's 球形检验的结果基础上，进行了本次研究，预调研问卷的因子分析。在本次研究的因子分析中，使用的是主成分的分析方法，提取特征值大于 1 的因素，根据方差最大旋转法（最大迭代次数为 25）对民宿特色、住宿体验进行了单独的分析，对求新动机与再宿意愿 4 个量表进行了效度分析。判断标准如下：首先，因子分析结果最终提取的所有因子累积方差解释率需在 60% 以上；其次，题项在每个因子的载荷均小于 0.5，或者题项在 2 个及以上的因子载荷都大于 0.4，则删除该题项。

（一）民宿特色的效度分析

首先进行变量民宿特色的效度分析，如表 5-5 所示，KMO 值为 0.953，当

KMO 值在 0.8 以上时，所研究变量的民宿特色最适宜信息提取，适于后续的因子分析。

表 5-5　民宿特色的 KMO 和 Bartlett's 检验

KMO 值		0.953
Bartlett's 球形检验	近似卡方	6590.483
	df	496
	p 值	< 0.001

如表 5-6 所示，本书因子分析采用主成分分析方式，特征值高于 1 的因子被抽取，总共有 4 个公因子被提取出来，最终旋转累计平方和为 62.667%（>60%）。在正交旋转之后，32 个题项被归类为 4 个因子（题项负荷高于 0.5），题项 B9（该民宿不使用或很少使用塑料）在因子 2 和因子 4 的载荷均高于 0.4，因此予以剔除。同时因子 4 仅包含一个题项 B10（这家民宿使用的很多产品由可回收材料制成），因此也予以剔除，最后保留三个因子。最终形成的三个因子符合前期民宿特色变量的构建维度，分别为主题的特色、符号的特色、活动的特色。

表 5-6　民宿特色的旋转成分矩阵

名称	因子载荷系数				共同度（公因子方差）
	因子 1	因子 2	因子 3	因子 4	
A1	0.805	0.174	0.202	0.11	0.732
A2	0.831	0.143	0.174	0.016	0.741
A3	0.773	0.028	0.156	0.275	0.699
A4	0.877	0.142	0.157	0.071	0.819
A5	0.762	0.094	0.149	0.244	0.671
A6	0.762	0.133	0.214	0.268	0.716
A7	0.845	0.152	0.171	0.031	0.767
A8	0.696	0.171	0.01	0.052	0.516
A9	0.810	0.149	0.16	−0.079	0.710
A10	0.807	0.193	0.157	−0.019	0.713
A11	0.769	0.148	0.137	0.2	0.672

表 5-6（续）

名称	因子载荷系数				共同度（公因子方差）
	因子 1	因子 2	因子 3	因子 4	
A12	0.657	0.096	0.202	0.383	0.629
A13	0.819	0.19	0.164	−0.007	0.735
A14	0.691	0.051	0.123	0.293	0.581
A15	0.685	0.149	0.338	−0.005	0.606
A16	0.658	0.080	0.366	−0.077	0.579
A17	0.617	0.154	0.37	−0.052	0.544
B1	0.254	0.727	0.166	0.232	0.674
B2	0.085	0.716	0.152	0.121	0.558
B3	0.108	0.809	0.178	0.021	0.698
B4	0.1	0.777	0.107	0.097	0.634
B5	0.132	0.744	0.133	0.096	0.598
B6	0.146	0.824	0.129	−0.057	0.720
B8	0.323	0.558	0.196	0.228	0.506
B9	0.179	0.435	0.193	0.567	0.580
B10	0.204	0.328	0.213	0.714	0.704
C1	0.105	0.186	0.579	0.249	0.443
C2	0.205	0.181	0.647	0.155	0.517
C3	0.326	0.105	0.579	0.016	0.452
C4	0.189	0.154	0.701	−0.052	0.554
C5	0.162	0.148	0.648	0.175	0.499
C6	0.197	0.153	0.650	0.021	0.486

综上所述，根据信效度分析结果，形成最终民宿特色变量题项并对题项重新进行了编码，最终民宿特色变量含有 30 道题项，结果如表 5-7 所示。

表 5-7　民宿特色的修正后题项

维度	编码	题项
主题的特色	A1	该民宿提供或介绍民俗活动体验项目
	A2	该民宿经营者会说民族语言或当地特色语言
	A3	该民宿经营者会唱民族（当地）歌曲/戏曲
	A4	该民宿宣传和讲解民族（当地）传统节日
	A5	该民宿经营者展示或会跳民族（当地）舞蹈
	A6	该民宿展示或介绍了民族非遗艺术
	A7	该民宿展示介绍了当地的人文风情
	A8	该民宿经营者是当地人
	A9	该民宿建筑具有地方特色
	A10	该民宿饮食有地方特色
	A11	该民宿有民族文化的饰品
	A12	该民宿经营或服务者身穿民族服装
	A13	该民宿装修很有地方特色
	A14	该民宿坐落在古镇
	A15	我觉得这个民宿在其他民宿中真的很突出
	A16	我认为这个民宿是不同于其他民宿的
	A17	该民宿提供的住宿体验与其他民宿非常不同
符号的特色	B1	这家民宿的室外有一种舒缓的自然香气
	B2	这家民宿的户外保持得很干净
	B3	该民宿室外的空气质量非常接近自然的新鲜空气
	B4	该民宿能够最大限度地利用日光，保持环境友好
	B5	该民宿的室内散发着宜人的自然清香
	B6	该民宿室内空气质量非常接近天然新鲜空气
	B7	该民宿采用感应照明系统，节约能源
活动的特色	C1	该民宿活动工作人员是专业的
	C2	该民宿的活动已经足够好了
	C3	该民宿举行的活动值得参加
	C4	该民宿提供的活动满足了我的需求
	C5	该民宿其他顾客的行为给我留下了积极印象
	C6	与其他顾客的互动使我对这家民宿服务的认知产生了积极的影响

（二）住宿体验的效度分析

进行变量住宿体验的效度分析，如表 5-8 所示，KMO 值为 0.851，当 KMO 值在 0.8 以上时，研究变量的住宿体验适用于信息提取，适于后续的因子分析。

表 5-8　住宿体验的 KMO 和 Bartlett's 检验

KMO 值		0.851
Bartlett's 球形检验	近似卡方	1292.513
	df	45
	p 值	<0.001

如表 5-9 所示，本书因子分析采用主成分分析方式，特征值高于 1 的因子，总共有 3 个公因子被提取出来，最终旋转累计平方和为 70.532%（>60%）。在正交旋转之后，10 个题项被归类为 3 个因子（题项负荷高于 0.5），从各因子得分可知，所有题项的得分均高于 0.5，且没有出现交互现象。综上，保留所有题项，最终形成的 3 个因子符合前期住宿体验变量的构建维度，分别为新颖体验、舒适体验、愉悦体验。

表 5-9　住宿体验的旋转成分矩阵

名称	因子载荷系数			共同度（公因子方差）
	因子 1	因子 2	因子 3	
F1	0.742	0.099	0.283	0.64
F2	0.663	0.372	0.128	0.594
F3	0.776	0.195	0.224	0.689
F4	0.776	0.264	0.124	0.687
E1	0.308	0.816	0.118	0.774
E2	0.207	0.802	0.163	0.713
E3	0.178	0.822	0.146	0.729
D1	0.224	0.162	0.808	0.729
D2	0.204	0.125	0.825	0.738
D3	0.162	0.136	0.846	0.761

综上所述，根据信效度分析结果，形成最终住宿体验变量题项并对题项重新进行了编码，最终民宿特色变量含有 10 道题项，结果如表 5-10 所示。

表 5-10　住宿体验的修正后题项

维度	编码	题项
新颖体验	D1	入住这家民宿满足了我的好奇心
	D2	入住这家民宿给予我一种全新的感受
	D3	我能明显感受到这家民宿所带来的独特体验
舒适体验	E1	我在该民宿入住感到轻松自在
	E2	我在该民宿入住感到很舒适
	E3	自从来到这家民宿，我感到很放松
愉悦体验	F1	入住这家民宿是一次非常有趣的体验
	F2	入住这家民宿是我感到满足的一次体验
	F3	我很享受入住这家民宿所带来的体验
	F4	入住这家民宿是一次开心、放松的体验

（三）求新动机的效度分析

对变量求新动机效度分析如表 5-11 所示，KMO 值 0.920，KMO 值 0.8 以上，研究变量求新动机适用于信息提取，适用于后续的因子分析。

表 5-11　求新动机的 KMO 和 Bartlett 检验

KMO 值		0.920
Bartlett's 球形检验	近似卡方	1126.649
	df	36
	p 值	< 0.001

如表 5-12 所示，本书因子分析采用主成分分析方式，9 个题项的因子得分均高于 0.5，且没有出现交互的情况，因此求新动机量表没有需要删除的题项。

表 5-12　求新动机的旋转成分矩阵

名称	因子载荷系数 因子 1	共同度（公因子方差）
G1	0.764	0.583
G2	0.757	0.572

表 5-12（续）

名称	因子载荷系数 因子 1	共同度（公因子方差）
G3	0.747	0.557
G4	0.757	0.572
G5	0.746	0.557
G6	0.735	0.541
G7	0.732	0.536
G8	0.633	0.401
G9	0.695	0.483

综上所述，根据信效度分析结果，形成最终求新动机变量题项并对题项重新进行了编码，最终求新动机含有 9 道题项，结果如表 5-13 所示。

表 5-13　求新动机的修正后题项

变量	编码	题项
求新动机	G1	体验不同文化和风土人情
	G2	购买当地特色的旅游商品
	G3	体验当地特色饮食
	G4	富有特色的住宿环境
	G5	友好的当地居民
	G6	感受当地居民的生活
	G7	可以看到各种各样的事物并参与其中
	G8	游览这里后可以增加自己的谈资
	G9	旅行过程中有机会接触不同背景的人

（四）再宿意愿的效度分析

进行变量再宿意愿的效度分析，如表 5-14 所示，KMO 值为 0.756，当 KMO 值在 0.7 以上时，所研究变量的再宿意愿宜用于信息提取，并适于后续因子分析。

111

表 5-14　再宿意愿的 KMO 和 Bartlett's 的检验

KMO 值		0.756
Bartlett 球形检验	近似卡方	376.439
	df	6
	p 值	<0.001

如表 5-15 所示，本书因子分析采用主成分分析方式，4 个题项的因子得分均高于 0.5，且没有出现交互的情况，因此再宿意愿量表没有需要删除的题项。

表 5-15　再宿意愿的旋转成分矩阵

名称	因子载荷系数 因子 1	共同度（公因子方差）
H1	0.831	0.69
H2	0.745	0.555
H3	0.761	0.58
H4	0.827	0.684

综上所述，根据信效度分析结果，形成最终再宿意愿变量题项并对题项重新进行了编码，最终再宿意愿含有 4 道题项，结果如表 5-16 所示。

表 5-16　再宿意愿的修正后题项

变量	编码	题项
再宿意愿	H1	下次旅游，我还会入住这家民宿
	H2	我会把这家民宿推荐给我的朋友或同事
	H3	如果这家民宿的收费比其他同类民宿稍高，我仍然会选择这家民宿
	H4	我会一直关注这家民宿以备不时之需

（五）正式问卷的形成

根据上述预调研问卷量表进行设计、实施预调研、对量表进行信度检验和探索性因子分析，在此基础上本书在预调研问卷中对量表进行修订，最后形成了本次研究正式的调研数据。具体包含人口学特征信息、民宿特色变量、住宿体验变量、求新动机变量、再宿意愿变量。具体如表 5-17 所示。

表 5-17　最终正式问卷内容

内容结构	变量	指标
人口学特征信息		性别、年龄、受教育程度、收入、入住动机、频次等
游客求新动机		游客对目的地游玩不同内容的预期重要性程度
民宿特色	主题的特色	民宿及民宿所在地的地方特征，如当地语言、节日、艺术、人文风情、服装等
	符号的特色	民宿的自然环境状况、卫生情况、空气质量等
	活动的特色	民宿举行的活动、服务质量、同行顾客等
住宿体验	新颖体验	主题民宿带来了不同于其他住宿类型的体验
	舒适体验	入住民宿感到很自在舒适
	愉悦体验	入住民宿感到身心愉悦
再宿意愿		之后入住还会选择民宿的意愿及推荐意愿

第三节　正式调研与结果分析

在前期预测试生成的问卷基础上开始正式调研，本节内容主要包括对正式调研数据的描述性分析、数据的信效度分析、结合人口学特征变量的差异分析，最后通过结构方程模型和调节中介分析检验本书假设。

一、正式调研与样本描述统计

正式调研问卷严格采用预测试修正完成的问卷，并进一步筛选了莫干山的典型特色民宿，以该地区民宿的游客为调研对象。

（一）正式调研概述

1. 案例问卷发放

本次调研的线下实证调查采用传统的问卷发放方式，在案例地浙江省德清县莫干山的法国山居、裸心谷、安吉帐篷客、听云山居、颐园、幽静民宿、杏宿 SENSE 旅居莫干山美学设计民宿、德清后舍民宿、忆昔 That Year·莫干山温泉花园美宿、清研·莫干山民宿、莫干山花赞精品民宿、莫干山墨田酒店、莫干山竹叶飘香客栈、莫里山居、木子里山居、无问竹语民宿、莫干山160号别墅酒店、镇云途度假酒店、风渡庐山居、云溪上民宿、西坡民宿等30余家民宿采用简单随机的方法向旅游者发放430份正式调查问卷。为了提升问卷的有效率，在施测之前先初步了解游客的民宿入住经历以及对问卷题项的疑问。

2. 问卷内容概述

第一部分仍然为甄选题项，目的在于筛选出具有民宿入住经历的游客，详细题项见附录A。

第二部分为各个变量的测量题项，问卷结构采用李克特五级量表方式。具体来说，民宿特色、住宿体验、求新动机以及再宿意愿的测量采用李克特量表形式，每一选项分别代表不同的含义，"1"表示为非常不同意，"2"代表比较不同意，"3"代表一般，"4"表示同意，"5"表示为非常同意。完整版问卷详见附录A。

第三部分为人口学特征部分，涵盖参与者年龄、性别、月收入、职业、民宿入住次数、民宿入住形式、民宿入住动机、民宿入住的价格区间等信息。

附 录
附录 A
预调研问卷

尊敬的先生/女士：

您好！我们是旅游学专业博士生调研组。为了研究"民宿入住体验调查"，本问卷将花费您5~10分钟的时间，请仔细阅读相关概念并理解后再对下列题目作答。本调查仅用于学术研究，不用于商业或其他用处。感谢您的配合，祝您生活愉快！

第一页

（该页主要甄选被试，把不符合要求的样本剔除掉，符合要求的被试才能进入到第二页继续填写。）

1. 您最近一年是否入住过特色民宿。

□否（选择该选项被试剔除掉） □是

2. 请您填写一个您经常入住的特色民宿名字 _____。

3. 该特色民宿地点 _____。

第二页

第一部分：基本情况调查。

性别：男□　　女□

一、您的年龄：

A.0～20岁 B.21～30岁 C.31～40岁 D.41～50岁 E.51～60岁

F.60岁以上

二、您的学历：

A.硕士及以上 B.大专/本科　C.中专/高中　D.初中及以下

三、您的月收入：

A.3 000元及以下 B.3 001～5000元 C.5 001-10 000元 D.10 000元以上

四、您的学历：

A.初中及以下 B.高中/中专 C.大专 D.本科 E.研究生

五、您的职业：

A.全日制学生 B.教师或科研人员 C.公务员 D.企业职员 E.自由职业者

六、您最近一年入住民宿的次数：

A.0次 B.1～5次 C.6～10次 D.10次以上

七、您最近一年入住民宿的形式：

A.独自旅游 B.与朋友一起旅游 C.与家人一起旅游

八、您入住民宿的动机：

A.增长知识 B.交流体验 C.观光游览 D.增进人际关系 E.放松身心 F.其他

九、您入住民宿的价格区间（一晚）是：

A.200元及以下 B.201～400元 C.401～600元 D.601～800元 E.800元以上

第二部分：量表题项

　　下面是关于游客民宿特色体验的描述（题项后的分值表示您对题项中说法的认可程度，请在您认为合适的选项数字后打"√"）。

编号	测量项目	分值（1代表非常不赞同，2代表比较不赞同，3代表一般，4代表较赞同，5代表非常赞同）				
民宿主题特色量表						
AA1	民宿提供或介绍民宿活动体验项目	1	2	3	4	5
AA2	民宿经营者会说当地特色方言	1	2	3	4	5
AA3	民宿经营者会唱民族（当地）歌曲／戏曲	1	2	3	4	5
AA4	民宿宣传和讲解民族（当地）传统节日	1	2	3	4	5
AA5	民宿经营者展示或会跳民族（当地）舞蹈	1	2	3	4	5
AA6	民宿展示或介绍民族非遗艺术	1	2	3	4	5
AA7	民宿展示介绍当地的人文风情	1	2	3	4	5
AA8	民宿经营者是当地人	1	2	3	4	5
AA9	民宿建筑具有地方特色	1	2	3	4	5
AA10	民宿饮食有地方特色	1	2	3	4	5
AA11	民宿有民族文化的饰品	1	2	3	4	5
AA12	民宿经营或服务者身穿民族服装	1	2	3	4	5
AA13	民宿装修有地方特色	1	2	3	4	5
AA14	民宿坐落在古镇	1	2	3	4	5
AA15	民宿在其他民宿中真的很突出	1	2	3	4	5
AA16	该民宿不同于其他民宿	1	2	3	4	5
AA17	该民宿提供的住宿体验与其他民宿非常不同	1	2	3	4	5
AA18	即使是同类型的特色民宿，这个民宿给我带来的体验也是不同的	1	2	3	4	5
AB1	民宿能够最大限度地利用日光，保持环境友好	1	2	3	4	5
AB2	民宿能够在室内采用植物装饰，营造自然氛围	1	2	3	4	5
AB3	民宿内的温度保持在舒适的水平	1	2	3	4	5
AB4	民宿的室内散发着宜人的自然清香	1	2	3	4	5
AB5	民宿的空气质量非常接近天然新鲜空气	1	2	3	4	5
AB6	民宿内的公共卫生环境良好	1	2	3	4	5
AB7	民宿的室外有一种舒缓的自然香气	1	2	3	4	5
AB8	民宿的户外保持得很干净	1	2	3	4	5

AB9	民宿室外的空气质量非常清新	1	2	3	4	5
AB10	民宿周边的公共卫生环境良好	1	2	3	4	5
AB11	民宿使用当地的特色工艺品装饰	1	2	3	4	5
AB12	民宿采用感应照明系统，节约能源	1	2	3	4	5
AB13	民宿不使用或很少使用塑料	1	2	3	4	5
AB14	民宿使用的很多产品由可回收材料制成	1	2	3	4	5
AB15	民宿的外观美观大方	1	2	3	4	5
AB16	民宿的陈设很有美感	1	2	3	4	5
AB17	民宿的室内设计和装饰都很艺术	1	2	3	4	5
AC1	组织民宿活动的工作人员是专业的	1	2	3	4	5
AC2	该民宿的活动已经足够好了	1	2	3	4	5
AC3	该民宿举行的活动值得参加	1	2	3	4	5
AC4	民宿提供的活动满足了我的需求	1	2	3	4	5
AC5	民宿内其他游客的行为给我留下了积极的印象	1	2	3	4	5
AC6	我与其他顾客的互动使我对这家民宿服务的认知产生了积极的影响	1	2	3	4	5
民宿住宿体验量表						
BA1	入住这家民宿使我有一种冒险家的体验	1	2	3	4	5
BA2	这家民宿满足了我的好奇心	1	2	3	4	5
BA3	入住这家民宿给我一种真实的体验	1	2	3	4	5
BA4	入住这家民宿给我一种全新的感受	1	2	3	4	5
BA5	这家民宿给我一种不同于以往的入住体验	1	2	3	4	5
BA6	我能明显感受到这家民宿带来的独特体验	1	2	3	4	5
BB1	在该民宿入住感到轻松自在	1	2	3	4	5
BB2	在该民宿入住感到很舒适	1	2	3	4	5
BB3	自从来到这家民宿我感到很放松	1	2	3	4	5
BC1	入住这家民宿是一次非常有趣的体验	1	2	3	4	5
BC2	入住这家民宿是一次满足的体验	1	2	3	4	5
BC3	我享受这家民宿带来的体验	1	2	3	4	5
BC4	入住这家民宿是一次开心、放松的体验	1	2	3	4	5

游客求新动机量表						
CA1	体验不同文化和风土人情	1	2	3	4	5
CA2	购买当地特色的旅游产品	1	2	3	4	5
CA3	体验当地特色饮食	1	2	3	4	5
CA4	富有特色的住宿环境	1	2	3	4	5
CA5	友好的当地居民	1	2	3	4	5
CA6	感受当地居民生活	1	2	3	4	5
CA7	可以体验各种各样的事物	1	2	3	4	5
CA8	游览后可以增加自己的谈资	1	2	3	4	5
CA9	旅游过程中有机会接触不同背景的人	1	2	3	4	5
游客再宿意愿量表						
DA1	下次旅游我还会入住这家民宿	1	2	3	4	5
DA2	我会把这家民宿推荐给朋友或同事	1	2	3	4	5
DA3	如果这家民宿的收费比其他同类稍高，我仍然会选择这家民宿	1	2	3	4	5
DA4	我会一直关注这家民宿	1	2	3	4	5

感谢您对问卷的填答！本人承诺问卷仅用于科研。

3. 数据收集

正式调研于 2022 年 7 月 15 日至 8 月 15 日之间共计发放 430 份问卷，回收问卷 403 份，回收率 93.72%。剔除无效数据剩 389 份有效问卷（剔除的判断标准：问卷所有题项选择完全一致；问卷甄选题回答错误；问卷未完成；问卷回答前后矛盾），有效率为 96.53%，符合问卷调查的有效率要求，可以作为分析样本。

4. 数据分析方法

本书主要采用 SPSS25.0 和 AMOS24.0 对正式调研数据进行处理，SPSS25.0 主要用于完成描述性统计分析、探索性因子分析、调节中介模型的验证；AMOS24.0 用于验证性因子分析和研究模型的假设检验。

（二）样本描述性分析

1. 游客人口统计学信息描述性分析

如表 5-18 所示，在正式调研中，女性游客样本达到了 59.38%。游客样本中有 45.50% 为"21 ～ 30 岁"，"31 ～ 40 岁"游客的比例是 42.16%。表明特色民宿的主要客户群为中青年游客。同时，月收入中 44.47% 的游客选择"5 001 ～ 10 000 元"。还有 39.59% 的游客样本收入为"10 001 元及以上"。游客样本中有 78.15% 为"本科"。从职业来看，游客样本中"企业职员"相对较多，比例为 79.18%。综上，同预调研的规律一致，目前正式调研的主要游客样本人群为中青年人群、学历水平较高且具有较高的收入水平。

游客样本中有 81.23% 表示一年里特色民宿入住次数为"1 ～ 5 次"，表明目前特色民宿已经成为游客较高频的住宿选择。同时，入住形式中有 51.67% 的游客选择"与家人一起旅行"。另外"与朋友一起旅行"样本的比例是 41.65%，而选择"独自出行"的样本极少，占比为 6.68%，仍然表明特色民宿更多的是契合具有群体交往和人际需求的游客。游客样本的入住动机中接近 5 成选择"放松身心"，占比为 45.24%。另外"观光游览"的游客样本比例是 39.07%，这进一步表明特色民宿更多的是满足游客休闲和放松需求。游客以往入住民宿的价格区间为"401 ～ 600 元"占多数，占比为 38.30%，其次为"201 ～ 400 元"区间，占比为 31.36%。表明特色民宿游客对价格的接受水平相对来说较高。

表 5-18　人口学信息描述性统计

名称	选项	频数	百分比 /%	累积百分比 /%
性别	女	231	59.38	59.38
	男	158	40.62	100.00
年龄	0 ～ 20 岁	4	1.03	1.03
	21 ～ 30 岁	177	45.50	46.53
	31 ～ 40 岁	164	42.16	88.69
	41 ～ 50 岁	27	6.94	95.63
	51 ～ 60 岁	16	4.11	99.74
	61 岁以上	1	0.26	100.00
月收入	3 000 元及以下	21	5.4	5.4
	3 001 ～ 5 000 元	41	10.54	15.94
	5 001 元 ～ 10 000 元	173	44.47	60.41
	10 001 元及以上	154	39.59	100

表 5-18（续）

名称	选项	频数	百分比 /%	累积百分比 /%
学历	初中及以下	3	0.77	0.77
	高中 / 中专	5	1.29	2.06
	大专	24	6.17	8.23
	本科	304	78.15	86.38
	研究生及以上	53	13.62	100
职业	企业职员	308	79.18	79.18
	全日制学生	25	6.43	85.60
	公务员	17	4.37	89.97
	其他	7	1.80	91.77
	教师或科研人员	21	5.40	97.17
	自由职业者	11	2.83	100.00
入住次数	1 ~ 5 次	316	81.23	81.23
	6 ~ 10 次	61	15.68	96.91
	10 次以上	12	3.08	100
入住形式	与家人一起旅行	201	51.67	51.67
	与朋友一起旅行	162	41.65	93.32
	独自旅行	26	6.68	100.00
入住动机	交流体验	24	6.17	6.17
	增进人际关系	16	4.11	10.28
	增长知识	21	5.40	15.68
	放松身心	176	45.24	60.93
	观光游览	152	39.07	100.00
价格区间	200 元及以下	17	4.37	4.37
	201 ~ 400 元	122	31.36	35.73
	401 ~ 600 元	149	38.30	74.04
	601 ~ 800 元	72	18.51	92.54
	801 元以上	29	7.46	100.00
合计		389	100.00	100.00

2. 量表变量的描述性分析

正式调研中包含的以下变量及维度题项如表 5-19 所示，具体为民宿特色（主题的特色、符号的特色、活动的特色）、住宿体验（新颖体验、舒适体验、愉悦体验）、求新动机、再宿意愿。除了求新动机为 4 点李克特量表（1 表示不重要，4 表示重要，分数越高，重要程度越高），其他变量均为 5 点李克特量表（1 表示非常不同意，5 表示非常同意，数值越高意味着游客的赞同程度越高，即感知的民宿特色越强，住宿体验越高，再宿意愿越高）。表 5-19 表明所有变量题项的最低值均为 1，最高值为 5（求新动机题项最高值为 4），故不同调查者对同一测量项存在不同感知，说明不同游客对民宿的特色感知、住宿体验感知和再宿意愿均存在差异。对于标准差，其数值越小，说明游客选择选项越集中，越靠近平均数，意味着游客的观点较为统一；其数值越大，则说明游客选择的选项较为分散，离平均数越远，意味着游客观点差异性较大。可以明显看出正式调研中，民宿特色的题项最大均值为 4.298，最小均值为 4.005，标准差在 0.7 至 1 附近，说明整体上游客对所入住的特色民宿感知均较强，差异较小。题项"与其他顾客的互动使我对这家民宿服务的认知产生了积极的影响"属于民宿特色维度活动的特色的题项，其标准差最大，为 1.004，表明游客在不同民宿中与其他游客的互动体验差异较大。"自从来到这家民宿，我感到很放松"属于住宿体验中的子维度舒适体验，其均值为 4.139，标准差为 1.163，为标准差最大的题项，表明游客在不同民宿感知到的放松体验差异较大。整体而言，求新动机变量题项的标准差均在 1 以上，表明不同游客的求新动机存在着明显的差异，对于再宿意愿的题项，均值均在 4 以上，同时标准为 0.8 左右，表明游客对于选择再次入住该民宿的意愿差异较小。

表 5-19　变量题项的描述性统计

变量	N	最小值	最大值	平均数	标准差
该主题民宿提供或介绍民俗活动体验项目	389	1	5	4.123	0.777
该民宿经营者会说民族语言或当地特色语言	389	1	5	4.177	0.813
该民宿经营者会唱民族（当地）歌曲／戏曲	389	1	5	4.077	0.805
该民宿宣传和讲解民族（当地）传统节日	389	1	5	4.213	0.795
该民宿经营者展示或会跳民族（当地）舞蹈	389	1	5	4.044	0.800
该民宿展示或介绍了民族非遗技艺术	389	1	5	4.129	0.789

表5-19（续1）

变量	N	最小值	最大值	平均数	标准差
该民宿展示介绍了当地的人文风情	389	1	5	4.257	0.787
该民宿经营者是当地人	389	1	5	4.254	0.753
该民宿建筑具有地方特色	389	1	5	4.285	0.759
该民宿饮食有地方特色	389	1	5	4.234	0.756
该民宿有民族文化的饰品	389	1	5	4.144	0.721
该民宿经营或服务者身穿民族服装	389	1	5	4.005	0.819
该民宿装修很有地方特色	389	1	5	4.272	0.765
该民宿坐落在古镇	389	1	5	4.005	0.840
我觉得这个民宿在其他民宿中真的很突出	389	1	5	4.213	0.745
我认为这个民宿是不同于其他民宿的	389	1	5	4.167	0.753
该民宿提供的住宿体验与其他民宿非常不同	389	1	5	4.234	0.779
这家民宿的室外有一种舒缓的自然香气	389	1	5	4.234	0.916
这家民宿的户外保持得很干净	389	1	5	4.288	0.870
该民宿室外的空气质量非常接近自然的新鲜空气	389	1	5	4.293	0.920
该民宿能够最大限度地利用日光，保持环境友好	389	1	5	4.260	0.883
该民宿的室内散发着宜人的自然清香	389	1	5	4.265	0.916
该民宿室内空气质量非常接近天然新鲜空气	389	1	5	4.272	0.921
该民宿采用感应照明系统，节约能源	389	1	5	4.244	0.944
该民宿活动工作人员是专业的	389	1	5	4.067	0.911
该民宿的活动已经足够好了	389	1	5	4.136	0.905
该民宿举行的活动值得参加	389	1	5	4.231	0.946
该民宿提供的活动满足了我的需求	389	1	5	4.198	0.952
该民宿其他顾客的行为给我留下了积极印象	389	1	5	4.170	0.948
与其他顾客的互动使我对这家民宿服务的认知产生了积极的影响	389	1	5	4.298	1.004
入住这家民宿满足了我的好奇心	389	1	5	4.211	0.962
入住这家民宿给予我一种全新的感受	389	1	5	4.249	0.972
能明显感受到这家民宿所带来的独特体验	389	1	5	4.234	0.971
我在该民宿入住感到轻松自在	389	1	5	4.167	1.149

表 5-19（续 2）

变量	N	最小值	最大值	平均数	标准差
我在该民宿入住感到很舒适	389	1	5	4.090	1.137
自从来到这家民宿，我感到很放松	389	1	5	4.139	1.163
入住这家民宿是一次非常有趣的体验	389	1	5	4.144	1.002
入住这家民宿是我感到满足的一次体验	389	1	5	4.211	0.972
我很享受入住这家民宿所带来的体验	389	1	5	4.162	0.972
入住这家民宿是一次开心、放松的体验	389	1	5	4.314	1.084
体验不同文化和风土人情	389	1	5	3.157	1.284
购买当地特色的旅游商品	389	1	5	3.111	1.268
体验当地特色饮食	389	1	5	3.203	1.267
富有特色的住宿环境	388	1	5	3.211	1.289
友好的当地居民	389	1	5	3.167	1.248
感受当地居民的生活	389	1	5	3.167	1.270
可以看到各种各样的事物并参与其中	389	1	5	3.198	1.310
游览这里后可以增加自己的谈资	389	1	5	3.147	1.346
旅行过程中有机会接触不同背景的人	389	1	5	3.147	1.357
下次旅游，我还会入住这家主题民宿	389	1	5	4.195	0.839
我会把这家民宿推荐给我的朋友或同事	389	1	5	4.293	0.835
如果这家民宿的收费比其他同类民宿稍高，我仍然会选择这家民宿	389	1	5	4.139	0.829
我会一直关注这家民宿以备不时之需	389	1	5	4.237	0.868
有效的 N（listwise）	389				

二、验证性因子分析（CFA）

（一）测量模型的信度检验

在进行正式调研数据的分析之前，本书将对正式调研数据的数据质量进行分析，主要检验问卷的稳定性和内部的一致性。信度检验判定标准与预调研结果相同。

本书的信度指标通过克隆巴赫系数表示（Cronbach's Alpha）。在 Cronbach's Alpha 测量中系数越大，表示问卷的内部一致性越高。系数的取值范围有如下判断标准：问卷的题项可靠性很高（克隆巴赫系数高于0.9）；问卷的题项可靠性较好（克隆巴赫系数在0.8与0.9之间）；问卷的题项可靠性一般（克隆巴赫系数在0.7与0.8之间）；问卷的题项可靠性较差（克隆巴赫系数在0.7以下），这种情况下问卷不适宜作为研究工具。本书正式调研各变量及维度的信度值如表5-20所示。

民宿特色整体信度系数为0.967，各维度信度系数如下："主题的特色"为0.962，"符号的特色"为0.948，"活动的特色"为0.943，各维度题项的CITC均高于0.5的判断标准，故表明民宿特色维度具有较高的内部一致性，结构稳定。住宿体验的整体信度系数为0.939，各维度信度系数如下："新颖体验"为0.900，"舒适体验"为0.930，"愉悦体验"为0.929，各题项的CITC同样均高于0.5，表明住宿体验及维度具有较高的内部一致性，结构稳定。"求新动机"的信度系数为0.981，CITC均高于0.5，同样表明求新动机的内部一致性较高，结构稳定。"再宿意愿"的信度为0.878，CITC均高于0.5，表明再宿意愿的结构稳定，内部一致性程度较高。综上，从信度结果来看，本书各维度题项设计合理。

表5-20　正式调研各观测变量的信度检测

变量	维度	编码	CITC	删除该项后的 Cronbach' α 系数	Cronbach' α 系数 维度	整体
民宿特色	主题的特色	A1	0.791	0.959	0.962	0.967
		A2	0.778	0.959		
		A3	0.741	0.960		
		A4	0.804	0.959		
		A5	0.719	0.960		
		A6	0.773	0.959		
		A7	0.788	0.959		
		A8	0.729	0.960		
		A9	0.784	0.959		
		A10	0.761	0.959		
		A11	0.762	0.959		
		A12	0.700	0.960		
		A13	0.812	0.958		
		A14	0.634	0.962		
		A15	0.764	0.959		
		A16	0.747	0.960		
		A17	0.794	0.959		

表 5-20（续 1）

变量	维度	编码	CITC	删除该项后的 Cronbach' α 系数	Cronbach' α 系数 维度	整体
民宿特色	符号的特色	B1	0.821	0.940	0.948	
		B2	0.787	0.943		
		B3	0.828	0.940		
		B4	0.849	0.938		
		B5	0.821	0.940		
		B6	0.830	0.940		
		B7	0.837	0.939		
	活动的特色	C1	0.846	0.930	0.943	
		C2	0.807	0.934		
		C3	0.811	0.934		
		C4	0.850	0.929		
		C5	0.809	0.934		
		C6	0.840	0.931		
住宿体验	新颖体验	D1	0.797	0.862	0.900	
		D2	0.791	0.866		
		D3	0.818	0.843		
	舒适体验	E1	0.870	0.888	0.930	
		E2	0.821	0.927		0.939
		E3	0.881	0.880		
	愉悦体验	F1	0.834	0.907	0.929	
		F2	0.808	0.916		
		F3	0.824	0.911		
		F4	0.874	0.895		
求新动机		G1	0.898	0.979		0.981
		G2	0.922	0.979		
		G3	0.921	0.979		
		G4	0.923	0.979		
		G5	0.930	0.978		
		G6	0.868	0.981		
		G7	0.935	0.978		
		G8	0.927	0.978		
		G9	0.903	0.979		

表 5-20（续 2）

变量	维度	编码	CITC	删除该项后的 Cronbach' α 系数	Cronbach' α 系数 维度	整体
再宿意愿		H1	0.760	0.835		0.878
		H2	0.713	0.853		
		H3	0.710	0.854		
		H4	0.765	0.833		

（二）测量模型的效度分析

内容效度指量表题项是否具有代表性以及一种检验或评价工具对题目、结构或动作等各个方面进行评价的水平。建构效度基于观察或测量（通常是测试分数）所做出推论的适当性是否可以合理地被认为反映预期的结构。建构效度检验分为三个步骤：第一步，通过探索性因素分析探索各个题项间共同因素的存在性，从而探索出各量表的构念，提取出的变量间共同因素要能够较好地代表量表结构；第二步，进一步通过验证性因素分析检验测量变量与因素构念的契合度，计算各测项的因素载荷；第三步，得出各变量收敛效度与区分效度的综合评判，确定各因子与最终得分之间的相关关系。该研究对前期预调研已做过探索性因子分析，产生问卷供正式调查使用，所以，在这一部分中，该研究将采用验证性因子分析的方法，分析正式调研问卷是否具有收敛效度与区别效度，一般要求观测变量的标准化载荷大于 0.5，问卷才能被视为具有较好的建构效度；组合信度（CR）在之前研究中也用于判断问卷的质量，组合信度说明了潜变量中观测变量对潜变量的解释程度，组合信度 CR 判断标准一般要求高于 0.7。平均方差萃取量就是由测量误差导致的方差量与构建捕获方差量之间的量度。学界对此的判断标准一般认为当平均方差萃取量高于 0.5，如果 AVE 小于 0.50 意味着题项解释的错误比构造中的方差更多。因此本书根据验证性因子分析结果适配指标标准判断模型建立的合理性（具体标准见表 5-21），若指标满足标准，则可以表明本书建立的模型能够测量研究所关注的潜变量。

表 5-21　模型整体适配度的主要评价指标及评价标准

统计检验量	判断标准或临界值	本书结果
卡方自由度比（NC 值）	1 < NC < 3，适配良好；NC > 5，适配合理	1.831

表 5-21（续）

统计检验量	判断标准或临界值	本书结果
GFI	> 0.8	0.819
AGFI	> 0.8	0.801
IFI	> 0.9	0.892
CFI	> 0.9	0.948
TLI	> 0.9	0.944
IFI	>0.9	0.948
NFI	> 0.9 适配良好，>0.8 适配合理	0.892
RMSEA	< 0.05 适配良好 < 0.08 适配合理	0.046

如表 5-21 所示，根据模型拟合指标判断标准卡方与自由度之比应该高于 1 小于 3，当高于 3 时表明模型拟合较差，而低于 1 时表示模型适配过度，本书的 X^2 / df 为 1.831，因此符合判断标准，表明模型拟合较好。

GFI（Goodness of Fit Index）是适配度指数，AGFI（Adjust Hoodness of Fit Index）为调整的适配度指数，GFI、AGFI 的值越接近 1，表明模型的适配度越高，前人研究一般以 0.8 为判断标准，本书的 GFI 指标为 0.819、AGFI 指标为 0.801，则表明本书的模型适配度合理。

NFI（Normed Fit Index）是基准适配指数，NFI 等于 1 减去预设模型差异，模型差异越小，NFI 的值越接近 1，模型适配度越好。NFI 通常以大于 0.8 为判断标准，而本书 NFI 为 0.892，符合判断标准。

TLI（Tucker-lewis Index）的判断标准通常在 0 与 1 之间，当 TLI 值为 1 时，表明模型完全拟合，一般的判断标准为 0.9，本书的 TLI 值为 0.944。

CFI（Comparative Fit Index）指模型的比较适配值，数值范围一般在 0 与 1 之间，若 CFI 等于 1，表明研究模型完全拟合，一般研究的判断标准仍然为 0.9，而本书的 CFI 值为 0.948，故符合研究要求。

RMSEA（Root Mean Square Error of Approximation）是一个绝对拟合指数，用于评估一个假设的模型离一个完美的模型有多远。RMSEA 值小于 0.05 表示"接近拟合"，且低于 0.08，说明模型数据拟合合理。在本次研究中，RMSEA 值为 0.046。说明该回归模型具有良好的稳健性和预测效果。总之，本书的验证性因

表 5-22（续 1）

子分析^①的所有指标都达到了标准，模型的整体拟合程度良好。

表 5-22 显示了该研究对总共 8 个因子题项的回应，以及 53 个分析项进行验证性因子分析（CFA）。8 个因素所对应 AVE 值都在 0.5 以上，并且 CR 值都在 0.7 以上，说明了本正式调研分析数据有较好的聚合（收敛）效度。

表 5-22　验证性因子分析结果

变量	维度	问项	标准化因素负荷量	P	CR	AVE
民宿特色	主题的特色	A1	0.809	***	0.962	0.600
		A2	0.794	***		
		A3	0.755	***		
		A4	0.825	***		
		A5	0.725	***		
		A6	0.784	***		
民宿特色	主题的特色	A7	0.808	***		
		A8	0.740	***		
		A9	0.802	***		
		A10	0.776	***		
		A11	0.775	***		
		A12	0.705	***		
		A13	0.835	***		
		A14	0.641	***		
		A15	0.789	***		
		A16	0.765	***		
		A17	0.809	***		

---

① 验证性因子分析方法主要被用于检验测量变量和能够接受测量变量的因素构念之间的关系，该方法有助于研究人员对之前假设的测量变量和因素构念关系的正确性进行确认。（吴明隆.结构方程模型——AMOS 的操作与运用 [M]. 重庆：重庆大学出版社，2022.）

表 5-22（续 2）

变量	维度	问项	标准化因素负荷量	P	CR	AVE
民宿特色	符号的特色	B1	0.842	***	0.947	0.719
		B2	0.806	***		
		B3	0.854	***		
		B4	0.877	***		
		B5	0.844	***		
		B6	0.852	***		
		B7	0.857	***		
	活动的特色	C1	0.877	***	0.941	0.726
		C2	0.825	***		
		C3	0.83	***		
		C4	0.882	***		
		C5	0.832	***		
		C6	0.865	***		
住宿体验	新颖体验	D1	0.863	***	0.901	0.751
		D2	0.85	***		
		D3	0.886	***		
住宿体验	舒适体验	E1	0.927	***	0.932	0.820
		E2	0.861	***		
		E3	0.927	***		
	愉悦体验	F1	0.888	***	0.930	0.769
		F2	0.846	***		
		F3	0.857	***		
		F4	0.914	***		
求新动机		G1	0.909	***	0.981	0.854
		G2	0.931	***		
		G3	0.932	***		
		G4	0.933	***		
		G5	0.941	***		

表 5-23（续 3）

变量	维度	问项	标准化因素负荷量	P	CR	AVE
求新动机		G6	0.877	***		
		G7	0.945	***		
		G8	0.934	***		
		G9	0.913	***		
再宿意愿		H1	0.843	***	0.879	0.645
		H2	0.768	***		
		H3	0.769	***		
		H4	0.829	***		

表 5-23 区分效度分析检验

	主题的特色	符号的特色	活动的特色	新颖体验	舒适体验	愉悦体验	求新动机	再宿意愿
主题的特色	0.774							
符号的特色	0.557	0.848						
活动的特色	0.617	0.650	0.852					
新颖体验	0.491	0.492	0.559	0.867				
舒适体验	0.582	0.525	0.536	0.676	0.906			
愉悦体验	0.483	0.53	0.603	0.618	0.662	0.877		
求新动机	−0.135	−0.068	−0.072	0.031	0.082	0.054	0.924	
再宿意愿	0.593	0.554	0.626	0.503	0.583	0.555	−0.001	0.803

表 5-23 显示了对于区分效度的分析，针对"主题的特色"，其 AVE 平方根值为 0.774，大于各因子之间相关系数绝对值之和为 0.617，表示它有较好的区分效度。针对"符号的特色"，其 AVE 平方根值为 0.848，大于各因子之间相关系数绝对值之和为 0.650，表示它有较好的区分效度。针对"活动的特色"，其 AVE 平方根值为 0.852，大于各因子之间相关系数绝对值之和为 0.650，表示它有较好的区分效度。针对"新颖体验"，其 AVE 平方根值为 0.867，大于各因子之间相关系数绝对值之和为 0.676，表示它有较好的区分效度。针对"舒适体验"，

表 5-22（续）

其 AVE 平方根值为 0.906，大于各因子之间相关系数绝对值之和为 0.676，表示它有较好的区分效度。针对"愉悦体验"，其 AVE 平方根值为 0.877，大于各因子之间相关系数绝对值之和为 0.662，表示它有较好的区分效度。针对"求新动机"，其 AVE 平方根值为 0.924，大于各因子之间相关系数绝对值之和为 0.135，表示它有较好的区分效度。针对"再宿意愿"，其 AVE 平方根值为 0.803，大于各因子之间相关系数绝对值之和为 0.626，表示它有较好的区分效度。

三、人口统计学的差异分析

为了进一步区分调研游客不同人口学特征在各个变量及维度上的得分差异，本部分将通过单因素方差分析进行检验。由于游客在部分人口学特征上的分布过于集中，如学历、职业及入住次数上，游客的选择几乎为同一类型，不满足方差分析的要求，因此本部分仅针对性别、年龄、月收入、入住形式、入住动机、价格区间进行差异检验。

（一）不同性别在各个变量上的得分差异

采用单因素方差分析，考察不同性别对各变量和各维度评分的差异，结果如表 5-24 所示，不同性别对于主题的特色、符号的特色、活动的特色、民宿特色、新颖体验、舒适体验、住宿体验、求新动机、再宿意愿共 9 项未表现出显著性（$p>0.05$），但不同性别对愉悦体验呈现出显著性（$p<0.05$），女性游客的平均值（4.11）明显低于男性游客的平均值（4.35）。

表 5-24　不同性别在各个变量上的得分差异

	性别（平均值 ± 标准差）		F	p
	女（$n=231$）	男（$n=158$）		
主题的特色	4.14 ± 0.67	4.20 ± 0.53	0.938	0.333
符号的特色	4.22 ± 0.82	4.34 ± 0.75	2.085	0.150
活动的特色	4.16 ± 0.84	4.21 ± 0.82	0.338	0.562
民宿特色	4.17 ± 0.67	4.25 ± 0.61	1.320	0.251
新颖体验	4.22 ± 0.93	4.25 ± 0.81	0.162	0.688
舒适体验	4.07 ± 1.12	4.22 ± 1.01	1.843	0.175

表 5-24（续）

	性别（平均值 ± 标准差）		F	p
	女（n=231）	男（n=158）		
愉悦体验	4.11 ± 1.00	4.35 ± 0.76	6.946	0.009**
住宿体验	4.13 ± 0.91	4.28 ± 0.72	2.796	0.095
求新动机	4.05 ± 0.85	4.15 ± 0.77	1.368	0.243
再宿意愿	4.18 ± 0.77	4.27 ± 0.65	1.711	0.192

* $p<0.05$ ** $p<0.01$ *** $p<0.01$

（二）不同年龄在各个变量上的得分差异

由于 60 岁以上的年龄区间样本仅为 1，因此在进行单因素方差分析的时候将重新对年龄进行区组划分，共分为 30 岁及以下和 31 岁及以上两个区间。然后进行单因素方差分析，结果如表 5-25 所示，不同年龄对于主题的特色呈现出 0.01 水平显著性（F=9.999，p=0.002），30 岁及以下的平均值（4.06）明显低于 31 岁及以上的平均值（4.26）。不同年龄对于符号的特色呈现出 0.01 水平显著性（F=10.213，p=0.002），30 岁及以下的平均值（4.13）明显低于 31 岁及以上的平均值（4.38）。不同年龄段对符号的特色表现为 0.01 水平显著（F=10.213，p=0.002），30 岁及以下的平均值（4.13）明显低于 31 岁及以上的平均值（4.38）。随着时间增长，不同年龄在活动方面的差异逐渐减少，但是仍然存在显著差异性。不同年龄段对活动的特色表现为 0.01 水平显著（F=16.723，p=0.000），30 岁及以下的平均值（4.00）明显低于 31 岁及以上的平均值（4.34）。在住宿时间上随着年龄增加呈现逐渐下降趋势。不同年龄段对民宿特色表现出 0.01 水平的显著影响（F=16.730，p=0.000），30 岁及以下的平均值（4.06）明显低于 31 岁及以上的平均值（4.33）。不同年龄段对新颖体验表现出 0.05 的显著水平（F=6.417，p=0.012），30 岁及以下的平均值（4.11）明显低于 31 岁及以上的平均值（4.34）。随着时间变化，不同年龄段对舒适体验呈现显著正相关关系。不同年龄段对舒适体验表现出 0.01 水平的显著影响（F=7.033，p=0.008），30 岁及以下的平均值（3.98）明显低于 31 岁及以上的平均值（4.27）。不同年龄段对愉悦体验表现出 0.01 的显著水平（F=12.037，p=0.001），30 岁及以下的平均值（4.04）明显低于 31 岁及以上的平均值（4.36）。不同年龄段对住宿体验表现出 0.01 的显著水平（$F=10.793$，$p=0.001$），30 岁及以下的平均值（4.04）明显低于 31 岁及以上的平均值（4.32）。不同年龄对求新动机表现出 0.05 水平的显著影响（$F=4.069$，$p=0.044$），30 岁及以下的平均值（4.00）明显低于 31 岁及以上的平均值（4.17）。不同年龄对再宿意愿表现出 0.05 的显著水平（$F=5.870$，$p=0.016$），30 岁及以下的平均值（4.12），将显著小于 31 岁及以上（4.30）。

表 5–25　不同年龄在各个变量上的得分差异

	年龄（平均值 ± 标准差）		F	p
	30 岁及以下（$n=181$）	31 岁及以上（$n=208$）		
主题的特色	4.06 ± 0.75	4.26 ± 0.44	9.999	0.002**
符号的特色	4.13 ± 0.95	4.38 ± 0.61	10.213	0.002**
活动的特色	4.00 ± 1.03	4.34 ± 0.57	16.723	0.000***
民宿特色	4.06 ± 0.80	4.33 ± 0.44	16.73	0.000***
新颖体验	4.11 ± 1.02	4.34 ± 0.74	6.417	0.012*
舒适体验	3.98 ± 1.27	4.27 ± 0.85	7.033	0.008**
愉悦体验	4.04 ± 1.12	4.36 ± 0.66	12.037	0.001**
住宿体验	4.04 ± 1.03	4.32 ± 0.60	10.793	0.001**
求新动机	4.00 ± 0.91	4.17 ± 0.73	4.069	0.044*
再宿意愿	4.12 ± 0.84	4.30 ± 0.59	5.870	0.016*

* $p<0.05$ ** $p<0.01$ *** $p<0.01$

（三）不同月收入在各个变量上的得分差异

由于 5 001 ～ 10 000 元和 10 001 元及以上之外的收入区间样本较少，因此在进行单因素方差分析的时候将重新对收入区间区组划分，共分为 10 000 元及以下和 10 001 元及以上两个区间。然后进行单因素方差分析，结果如表 5–26 所示，不同月收入对于主题的特色呈现出 0.01 水平显著性（$F=13.194$，$p=0.000$），10 000 元及以下的平均值（4.08）明显低于 10 001 元及以上的平均值（4.30）。不同月的收入对符号的特色表现出 0.01 水平显著（$F=8.971$，$p=0.003$），10 000 元或更低均值（4.17）显著低于 10 001 元或更高均值（4.41）。不同月的收入对活动的特色表现出 0.01 水平显著（$F=8.049$，$p=0.005$），10 000 元或更低均值（4.09），明显低于 10 001 元及以上的平均值（4.33）。不同月收入对于民宿特色呈现出

0.01 水平显著性（$F=13.057$，$p=0.000$），10 000 元及以下的平均值（4.11），明显低于 10 001 元及以上的平均值（4.35）。不同月收入对于愉悦体验呈现出 0.01 水平显著性（$F=7.055$，$p=0.008$），10 000 元及以下的平均值（4.11）明显低于 10 001 元及以上的平均值（4.36）。不同月收入对于住宿体验呈现出 0.05 水平显著性（$F=3.914$，$p=0.049$），10 000 元及以下的平均值（4.12）明显低于 10 001 元及以上的平均值（4.29）。不同月收入对于求新动机呈现出 0.01 水平显著性（$F=7.759$，$p=0.006$），10 000 元及以下的平均值（4.00）明显低于 10 001 元及以上的平均值（4.23）。不同月收入对于再宿意愿呈现出 0.05 水平显著性（$F=4.079$，$p=0.044$），以及具体对比差异可知会明显低于 10 001 元及以上的平均值（4.31）。

表 5-26　不同收入在各个变量上的得分差异

	月收入（平均值 ± 标准差）		F	p
	10 000 元及以下（$n=235$）	10 001 元及以上（$n=154$）		
主题的特色	4.08 ± 0.71	4.30 ± 0.38	13.194	0.000***
符号的特色	4.17 ± 0.92	4.41 ± 0.52	8.971	0.003**
活动的特色	4.09 ± 0.92	4.33 ± 0.65	8.049	0.005**
民宿特色	4.11 ± 0.74	4.35 ± 0.43	13.057	0.000***
新颖体验	4.19 ± 0.94	4.30 ± 0.79	1.481	0.224
舒适体验	4.07 ± 1.17	4.23 ± 0.92	1.911	0.168
愉悦体验	4.11 ± 1.02	4.36 ± 0.71	7.055	0.008**
住宿体验	4.12 ± 0.91	4.29 ± 0.71	3.914	0.049*
求新动机	4.00 ± 0.91	4.23 ± 0.65	7.759	0.006**
再宿意愿	4.16 ± 0.79	4.31 ± 0.60	4.079	0.044*

* $p<0.05$ ** $p<0.01$ *** $p<0.01$

（四）不同入住形式在各个变量上的得分差异

由于部分不同入住形式的区间样本较少，因此在进行单因素方差分析的时候仅考虑两种典型入住形式的差异，即与家人一起旅行和与朋友一起旅行两个区间。然后进行单因素方差分析，结果如表 5-27 所示，不同入住形式对于主题的特色呈现出 0.01 水平显著性（$F=10.421$，$p=0.001$），与家人一起旅行的平均值（4.26）明显高于与朋友一起旅行的平均值（4.05）。不同入住形式对于活动的特色呈现出 0.05 水平显著性（F=4.379，p=0.037），与家人一起旅行的平均值（4.27）明显高于与朋友一起旅行的平均值（4.08）。不同入住形式对于民宿特色呈现出 0.01 水平显著性（F=7.262，p=0.007），与家人一起旅行的平均值（4.29）明显高于与朋友一起旅行的平均值（4.11）。不同入住形式对于舒适体验呈现出 0.05 水平显著性（F=5.330，p=0.022），与家人一起旅行的平均值（4.27）明显高于与朋友一起旅行的平均值（4.01）。

表 5-27　不同入住形式在各个变量上的得分差异

	入住形式（平均值 ± 标准差）		F	p
	与家人一起旅行 （n=201）	与朋友一起旅行 （n=162）		
主题的特色	4.26 ± 0.46	4.05 ± 0.76	10.421	0.001**
符号的特色	4.34 ± 0.70	4.19 ± 0.89	3.455	0.064
活动的特色	4.27 ± 0.73	4.08 ± 0.94	4.379	0.037*
民宿特色	4.29 ± 0.56	4.11 ± 0.73	7.262	0.007***
新颖体验	4.30 ± 0.73	4.17 ± 1.01	2.170	0.142
舒适体验	4.27 ± 0.92	4.01 ± 1.21	5.330	0.022*
愉悦体验	4.28 ± 0.82	4.17 ± 0.99	1.364	0.244
住宿体验	4.28 ± 0.71	4.11 ± 0.95	3.739	0.054
求新动机	4.11 ± 0.80	4.11 ± 0.78	0.000	0.991
再宿意愿	4.23 ± 0.66	4.23 ± 0.75	0.013	0.908

* $p<0.05$ ** $p<0.01$ *** $p<0.01$

（五）不同入住动机在各个变量上的得分差异

由于部分不同入住动机的区间样本较少，因此在进行单因素方差分析的时候仅考虑两种典型入住动机的差异，即放松身心和观光游览两个入住动机区间。然后进行单因素方差分析，结果如表 5-28 所示，不同入住动机在各个变量得分上均不存在显著差异。

表 5-28　不同入住动机在各个变量上的得分差异

| | 入住动机（平均值 ± 标准差） | | F | p |
	放松身心（n=176）	观光游览（n=152）		
主题的特色	4.16 ± 0.58	4.14 ± 0.69	0.087	0.768
符号的特色	4.32 ± 0.72	4.24 ± 0.85	1.016	0.314
活动的特色	4.16 ± 0.88	4.23 ± 0.77	0.540	0.463
民宿特色	4.22 ± 0.64	4.20 ± 0.66	0.035	0.851
新颖体验	4.32 ± 0.69	4.19 ± 0.98	2.012	0.157
舒适体验	4.21 ± 1.00	4.05 ± 1.15	1.947	0.164
愉悦体验	4.26 ± 0.85	4.21 ± 0.93	0.272	0.603
住宿体验	4.26 ± 0.71	4.15 ± 0.91	1.683	0.195
求新动机	4.09 ± 0.83	4.04 ± 0.89	0.208	0.649
再宿意愿	4.18 ± 0.79	4.23 ± 0.71	0.258	0.612

（六）不同入住价格区间在各个变量上的得分差异

同样由于游客入住民宿的价格区间部分区间的样本较少，因此在进行单因素方差分析的时候将重新对价格区间区组划分，共分为 400 元及以下和 401 元及以上两个区间。然后进行单因素方差分析，结果如表 5-29 所示，不同价格区间对于主题的特色呈现出 0.05 水平显著性（F=3.936，p=0.048），400 元及以下的平均值（4.08）明显低于 401 元及以上的平均值（4.21）。不同价格区间对于符号的特色呈现出 0.05 水平显著性（F=5.260，p=0.022），400 元及以下的平均值（4.14）明显低于 401 元及以上的平均值（4.33）。不同价格区间对于活动的特色呈现出 0.01 水平显著性（F=15.203，p=0.000），400 元及以下的平均值（3.97）明显低于 401 元及以上的平均值（4.30）。不同价格区间对于民宿特色呈现出 0.01 水平显著性（F=10.547，p=0.001），400 元及以下的平均值（4.06）明显低于 401 元及以上的平均值（4.28）。不同价格区间对于新颖体验呈现出 0.05 水平显著性（F=6.505，p=0.011），400 元及以下的平均值（4.08）明显低于 401 元及以上的平均值（4.32）。不同价格区间对于愉悦体验呈现出 0.01 水平显著性（F=6.769，p=0.010），400 元及以下的平均值（4.05）明显低于 401 元及以上的平均值（4.30）。不同价格区间对于住宿体验呈现出 0.01 水平显著性（F=7.123，p=0.008），400

元及以下的平均值（4.04）明显低于 401 元及以上的平均值（4.27）。不同价格区间对于求新动机呈现出 0.01 水平显著性（$F=12.788$，$p=0.000$），400 元及以下的平均值（3.90）明显低于 401 元及以上的平均值（4.20）。不同价格区间对于再宿意愿呈现出 0.01 水平显著性（$F=11.452$，$p=0.001$），400 元及以下的平均值（4.05）明显低于 401 元及以上的平均值（4.31）。

表 5-29　不同价格区间在各个变量上的得分差异

| | 价格区间（平均值 ± 标准差） | | F | p |
	400 元及以下（$n=139$）	401 元及以上（$n=250$）		
主题的特色	4.08 ± 0.72	4.21 ± 0.54	3.936	0.048*
符号的特色	4.14 ± 0.99	4.33 ± 0.66	5.260	0.022*
活动的特色	3.97 ± 1.09	4.30 ± 0.62	15.203	0.000**
民宿特色	4.06 ± 0.84	4.28 ± 0.49	10.547	0.001**
新颖体验	4.08 ± 1.07	4.32 ± 0.75	6.505	0.011*
舒适体验	3.99 ± 1.19	4.21 ± 1.00	3.762	0.053
愉悦体验	4.05 ± 1.10	4.30 ± 0.78	6.769	0.010*
住宿体验	4.04 ± 1.02	4.27 ± 0.72	7.123	0.008**
求新动机	3.90 ± 1.04	4.20 ± 0.64	12.788	0.000***
再宿意愿	4.05 ± 0.93	4.31 ± 0.55	11.452	0.001**

* $p<0.05$ ** $p<0.01$ *** $p<0.01$

第四节　假设检验

一、模型构建和评价

结构方程建模（Structural Equation Modeling, SEM）是将验证性因子分析与路径分析相结合。一方面，验证性因素分析起源于心理测量学，其目的是评估潜在的心理特征。另一方面，路径分析起源于生物统计学，旨在通过创建路径图来发现变量之间的因果关系。结构模型 SEM 的传播和发展是学术研究者和社会科学实践者不断增长的需求的结果，研究者正在寻找有效的方法来理解潜在现象的结构和相互作用。在 SEM 中有五个逻辑步骤分别如下： 第一，是模型说明，指根据研究背景和理论对模型涉及的变量进行关系假设定义；第二，是模型识别，是指检查模型是否存在识别不足、过度识别或者恰好识别的状态；第三，是模型参数估计，参数只能在刚刚识别或过度识别的模型中估计；第四，是模型评估，评估模型的性能或拟合度，并计算出整体拟合度的量化指数；第五，就是对模型进行修正和调整来增强模型拟合度，也就是进行事后模型修正。

（一）模型构建

综上，本书根据理论模型，以民宿主题的特色、符号的特色、活动的特色为自变量，中介变量为新颖体验、舒适体验、愉悦体验，因变量为再宿意愿，通过AMOS24 建立结构方程模型（如图 5-1 所示）。模型共计含有 7 个变量，其中主题的特色、符号的特色、活动的特色为自变量，新颖体验、舒适体验、愉悦体验为中介变量，因变量为再宿意愿，共计 41 个测量题项。

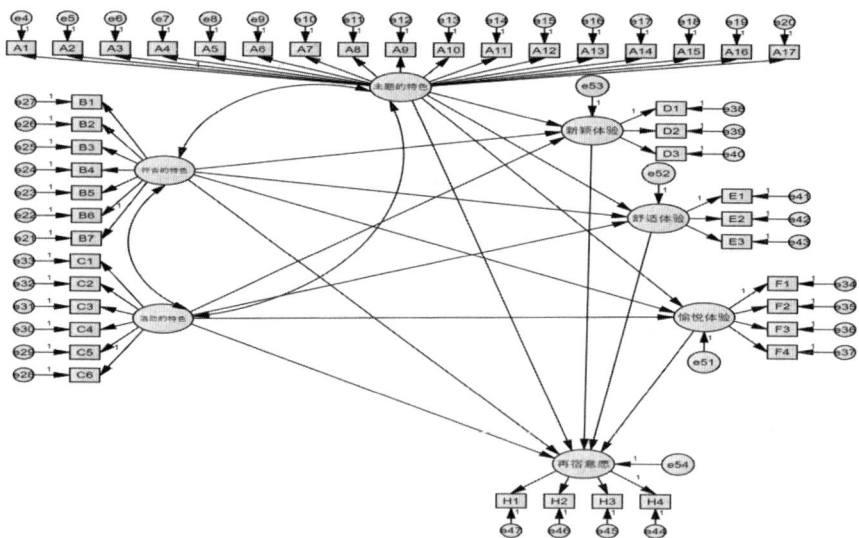

图 5-1　民宿特色对再宿意愿影响机制的结构方程模型检验图

（二）模型评价

本书正式调研中的结构方程模型初试模型拟合指标如表 5-30 所示，卡方自由度比、GFI、AGFI、IFI、CFI、TLI、IFI 指标均良好，NFI 和 RMSEA 指标合理。以上结果表明本次正式研究所建立的结构方程模型适配度符合判断标准，模型有效。

表 5-30 整体模型配适度检验结果

常用标准	χ^2/df	GFI	AGFI	IFI	CFI	TLI	IFI	NFI	RMSEA
数值	2.162	0.825	0.804	0.933	0.932	0.928	0.933	0.882	0.055
评价标准	1＜NC＜3，适配良好；NC＞5，适配合理	＞0.8	＞0.8	＞0.9	＞0.9	＞0.9	＞0.9	＞0.9 适配良好，＞0.8 适配合理	＜0.05 适配良好 ＜0.08 适配合理
拟合度判断	良好	良好	良好	良好	良好	良好	良好	合理	合理

二、路径分析

在通过模型的评价之后，本书将逐步探讨模型路径中各个变量间影响的相关假设，最终得出假设验证结果，如表 5-31 所示，共计 15 个假设，13 个假设成立，2 个假设未成立（H2a 与 H4a）。

表 5-31 整体模型路径显著性结果

假设	X	→	Y	SE	CR 值	p	标准化估计（B）	标签
H1a	主题的特色	→	再宿意愿	0.067	3.702	＜0.001	0.222	显著
H1b	主题的特色	→	新颖体验	0.081	3.419	0.001	0.210	显著
H1c	主题的特色	→	舒适体验	0.100	6.347	＜0.001	0.375	显著
H1d	主题的特色	→	愉悦体验	0.082	2.288	0.022	0.133	显著
H2a	符号的特色	→	再宿意愿	0.055	1.500	0.134	0.091	不显著
H2b	符号的特色	→	新颖体验	0.072	2.208	0.027	0.147	显著
H2c	符号的特色	→	舒适体验	0.086	3.161	0.002	0.198	显著
H2d	符号的特色	→	愉悦体验	0.073	3.024	0.002	0.192	显著
H3a	活动的特色	→	再宿意愿	0.064	3.702	＜0.001	0.268	显著
H3b	活动的特色	→	新颖体验	0.075	5.060	＜0.001	0.366	显著
H3c	活动的特色	→	舒适体验	0.089	2.815	0.005	0.189	显著
H3d	活动的特色	→	愉悦体验	0.077	6.030	＜0.001	0.418	显著

表 5-31（续）

假设	X	$\rightarrow$	Y	SE	CR 值	p	标准化估计（B）	标签
H4a	新颖体验	$\rightarrow$	再宿意愿	0.046	−0.012	0.991	−0.001	不显著
H4b	舒适体验	$\rightarrow$	再宿意愿	0.036	4.054	<0.001	0.221	显著
H4c	愉悦体验	$\rightarrow$	再宿意愿	0.043	2.435	0.015	0.132	显著

　　当自变量为主题的特色时，主题的特色对再宿意愿的影响显著（B=0.222，$p<0.001$），意味着当消费者入住民宿时，感知的主题的特色越强，之后选择再次入住该民宿的意愿会越高。主题的特色对新颖体验的影响显著（B=0.210，$p<0.01$），意味着当消费者入住民宿时，感知的主题的特色越强，如该民宿具有非常明显地方特色或人文风情等，那么消费者入住的体验新颖性感知也就越高，更会感知到此次住宿是一种独特的体验。主题的特色对舒适体验的影响显著（B=0.375，$p<0.001$），意味着当消费者入住民宿时，感知的主题的特色越强，那么入住的体验舒适性感知也会上升，越感到轻松自在。主题的特色对愉悦体验的影响显著（B=0.133，$p<0.05$），意味着当消费者入住民宿时，感知的主题的特色越强，那么入住的体验愉悦性感知也会上升，会感受到更高程度的满足，但是需要注意的是主题的特色对愉悦性的影响程度不及主题的特色对新颖体验和舒适体验的影响，原因在于民宿的特征差异较大，而愉悦体验更多涉及到情绪情感层次，对其的唤起过程更为复杂和缓慢，因此主题的特色的提升不会瞬间大幅度提升消费者的愉悦体验。

　　当自变量为符号的特色时，符号的特色对再宿意愿的影响不显著（B=0.091，$p>0.05$），意味着当消费者入住民宿时，感知的符号的特色越强，即民宿周围的环境更好，空气更为清新，日光更为充足等，之后选择再次入住该民宿的意愿并不会显著更高。本书认为消费者选择再次入住的原因受到新环境动机的影响较小。符号的特色对新颖体验的影响显著（B=0.147，$p<0.05$），意味着当消费者入住民宿时，特色符号感知程度越高，如该民宿室内散发着宜人的自然清香等，那么消费者入住的体验新颖性感知也就越高，更会感知到此次住宿是一种特别的体验。符号的特色对舒适体验的影响显著（B=0.198，$p<0.01$），意味着当消费者入住民宿时，感知的符号的特色越强，则舒适性体验感知得分上升，更觉得此次入住

有一种舒适的感觉。符号的特色对愉悦体验的影响显著（$B=0.192$，$p<0.05$），意味着当消费者入住民宿时，感知的符号的特色越强，那么入住的体验愉悦性的程度也会上升，会感受到更高程度的满足。

当自变量为活动的特色时，活动的特色对再宿意愿的影响显著（$B=0.268$，$p<0.001$），意味着当消费者入住民宿时，感知的活动的特色越强，即民宿工作人员的专业性或者民宿会举办一些活动，那么之后选择再次入住该民宿的意愿会显著更高。活动的特色对新颖体验的影响显著（$B=0.366$，$p<0.001$），意味着当消费者入住民宿时，活动的特色感知程度越高，如该民宿提供的活动满足了其需求，那么消费者对入住的体验新颖性感知也就越高，更会感知到此次住宿是一种特别的体验。活动的特色对舒适体验的影响显著（$B=0.189$，$p<0.01$），意味着当消费者入住民宿时，感知的活动的特色越强，则舒适性体验感知得分上升，更觉得此次入住有一种舒适的感觉。活动的特色对愉悦体验的影响显著（$B=0.418$，$p<0.001$），意味着当消费者入住民宿时，感知的活动的特色越强，即民宿工作人员的专业性更强，举办的活动也匹配消费者的需求，那么消费者对其入住的体验愉悦性的程度也会上升，会感受到更高程度的满足。

中介变量新颖体验对再宿意愿的影响不显著（$B=-0.001$，$p>0.001$），意味着即使消费者感知的新颖体验强，之后选择再次入住该民宿的意愿也不会显著更高。本书认为原因在于新颖体验高度满足客观上使得消费者形成了更高的预期，而再宿并不会在新颖体验上有更高的提升，因此消费者并不会因为新颖体验的提升而选择再次入住。另一个原因在于消费者自身特征扮演了调节作用，本书在后续部分也探讨了消费者求新动机的调节作用。

中介变量舒适体验对再宿意愿的影响显著（$B=0.221$，$p<0.001$），意味着当消费者舒适体验感知程度越高，那么消费者选择之后再次入住此民宿的意愿越高。

中介变量愉悦体验对再宿意愿的影响显著（$B=0.132$，$p<0.05$），意味着当消费者愉悦体验感知程度越高，那么消费者选择之后再次入住此民宿的意愿也会越高。

三、中介效应分析

根据前文路径分析的结果，绝大部分假设都是成立的，因此为了进一步探究这些显著的路径里是否具有中介效应，本书基于 IBM SPSS 25.0 软件对住宿体验在民宿特色对再宿意愿的影响机制中的中介效应进行检验。参考 Hayes 所提出的 Bootstrap 方法，再一次对中介效应进行测试（选择模型 4）。样本量选取 5 000，置信区间为 95%。进行中介效应分析之前，本书需要对研究变量的潜变量民宿特色（主题的特色、符号的特色、活动的特色）、住宿体验（新颖体验、舒适体验、愉悦体验）合并计算出均值，然后中心化处理避免多重共线性。

综上，本书中主题的特色（17 个指标）、符号的特色（7 个指标）、活动的特色（6 个指标）合并均值计算并中心化处理后命名为民宿特色，同时都作为自变量（X）。中介变量（M）住宿体验包括新颖体验（3 个指标）、舒适体验（3 个指标）和愉悦体验（4 个指标），同时由于要检验住宿体验不同维度的中介效应，故合并均值计算并中心化处理后保留以上 4 项变量。因变量（Y）为再宿意愿（4 个指标），仍然合并均值计算并中心化处理。由于样本数量较大，在此不罗列中心化后处理的表格。

当自变量为主题的特色，中介变量为新颖体验，因变量为再宿意愿时，结果如表 5–32 所示。

表 5–32　新颖体验在主题的特色与再宿意愿之间的中介作用

路径		效应值	较低值	较高值	P
主题的特色—新颖体验—再宿意愿	间接效应	0.139	0.051	0.198	< 0.001
主题的特色—再宿意愿	直接效应	0.520	0.417	0.624	< 0.001
主题的特色—再宿意愿	总效应	0.659	0.564	0.754	< 0.001

从表 5–32 可知，主题的特色—新颖体验—再宿意愿的间接效应值为 0.139，置信区间未涵盖 0，P 值小于显著水平 0.001，故假设成立，主题的特色对再宿意愿的直接效应值为 0.520，置信区间不涵盖 0，P 值小于显著水平 0.001，故假设成立，即间接效应与直接效应相加之和为总效应，总效应值为 0.659，表明了新颖体验在主题的特色与再宿意愿之间起到了部分中介作用。具体来说，当消费者入住民宿之后，感知到主题的特色程度越高，越能提升其新颖体验感知，进而促进消费者的再宿意愿。综上所述，假设 H5a 成立。

当自变量为主题的特色，中介变量为舒适体验，因变量为再宿意愿时，结果如表 5–33 所示。

表 5-33 舒适体验在主题的特色与再宿意愿之间的中介作用

路径		效应值	较低值	较高值	P
主题的特色—舒适体验—再宿意愿	间接效应	0.225	0.111	0.277	< 0.001
主题的特色—再宿意愿	直接效应	0.435	0.327	0.542	< 0.001
主题的特色—再宿意愿	总效应	0.659	0.564	0.754	< 0.001

从表 5-33 可知，主题的特色—舒适体验—再宿意愿的间接效应值为 0.225，置信区间未涵盖 0，P 值小于显著水平 0.001，故假设成立。主题的特色对再宿意愿的直接效应值为 0.435，置信区间不涵盖 0，P 值小于显著水平 0.001，故假设成立，即间接效应与直接效应相加之和为总效应，总效应值为 0.659，表明了舒适体验在主题的特色与再宿意愿之间起到了部分中介作用。具体来说，当消费者入住民宿之后，感知到主题的特色程度越高，越能提升其舒适体验感知，进而提高消费者的再宿意愿。综上，假设 H5b 成立。

当自变量为主题的特色，中介变量为舒适体验，因变量为再宿意愿时，结果如表 5-34 所示。

表 5-34 愉悦体验在主题的特色与再宿意愿之间的中介作用

路径		效应值	较低值	较高值	P
主题的特色 – 愉悦体验 – 再宿意愿	间接效应	0.179	0.078	0.230	< 0.001
主题的特色 – 再宿意愿	直接效应	0.480	0.380	0.580	< 0.001
主题的特色 – 再宿意愿	总效应	0.659	0.564	0.754	< 0.001

从表 5-34 可知，主题的特色 – 愉悦体验 – 再宿意愿的间接效应值为 0.179，置信区间未涵盖 0，P 值小于显著水平 0.001，故假设成立，主题的特色对再宿意愿的直接效应值为 0.480，置信区间不涵盖 0，P 值小于显著水平 0.001，故假设成立，即间接效应与直接效应相加之和为总效应，总效应值为 0.659，表明了愉悦体验在主题的特色与再宿意愿之间起到了部分中介作用。具体来说，当消费者入住民宿之后，感知到主题的特色程度越高，越能提升其愉悦体验感知，进而提高消费者的再宿意愿。综上，假设 H5c 成立。

当自变量为符号的特色，中介变量为新颖体验，因变量为再宿意愿时，结果如表 5-35 所示。

表 5-35　新颖体验在符号的特色与再宿意愿之间的中介作用

路径		效应值	较低值	较高值	P
符号的特色—新颖体验—再宿意愿	间接效应	0.117	0.062	0.209	< 0.001
符号的特色—再宿意愿	直接效应	0.340	0.258	0.421	< 0.001
符号的特色—再宿意愿	总效应	0.458	0.381	0.533	< 0.001

从表 5-35 可知，符号的特色—新颖体验—再宿意愿的间接效应值为 0.117，置信区间未涵盖 0，P 值小于显著水平 0.001，故假设成立，符号的特色对再宿意愿的直接效应值为 0.340，置信区间不涵盖 0，P 值小于显著水平 0.001，故假设成立，即间接效应与直接效应相加之和为总效应，总效应值为 0.458，表明了新颖体验在符号的特色与再宿意愿之间起到了部分中介作用。具体来说，当消费者入住民宿之后，感知到符号的特色程度越高，越能提升其新颖体验感知，进而提高消费者的再宿意愿。综上，假设 H6a 成立。

当自变量为符号的特色，中介变量为舒适体验，因变量为再宿意愿时，结果如表 5-36 所示。

表 5-36　舒适体验在符号的特色与再宿意愿之间的中介作用

路径		效应值	较低值	较高值	P
符号的特色—舒适体验—再宿意愿	间接效应	0.173	0.114	0.275	< 0.001
符号的特色—再宿意愿	直接效应	0.284	0.204	0.363	< 0.001
符号的特色—再宿意愿	总效应	0.457	0.381	0.533	< 0.001

从表 5-36 可知，符号的特色—舒适体验—再宿意愿的间接效应值为 0.173，置信区间未涵盖 0，P 值小于显著水平 0.001，故假设成立，符号的特色对再宿意愿的直接效应值为 0.284，置信区间不涵盖 0，P 值小于显著水平 0.001，故假设成立，即间接效应与直接效应相加之和为总效应，总效应值为 0.457，表明了舒适体验在符号的特色与再宿意愿之间起到了部分中介作用。具体来说，当消费者入住民宿之后，感知到符号的特色程度越高，越能提升其舒适体验感知，进而提高消费者的再宿意愿。综上，假设 H6b 成立。

当自变量为符号的特色，中介变量为愉悦体验，因变量为再宿意愿时，结果如表 5-37 所示。

表 5-37 愉悦体验在符号的特色与再宿意愿之间的中介作用

路径		效应值	较低值	较高值	P
符号的特色—愉悦体验—再宿意愿	间接效应	0.157	0.094	0.259	< 0.001
符号的特色—再宿意愿	直接效应	0.300	0.219	0.381	< <0.001
符号的特色—再宿意愿	总效应	0.457	0.381	0.533	< 0.001

从表 5-37 可知，符号的特色—愉悦体验—再宿意愿的间接效应值为 0.157，置信区间未涵盖 0，P 值小于显著水平 0.001，故假设成立，符号的特色对再宿意愿的直接效应值为 0.300，置信区间不涵盖 0，P 值小于显著水平 0.001，故假设成立，即间接效应与直接效应相加之和为总效应，总效应值为 0.457，表明了愉悦体验在符号的特色与再宿意愿之间起到了部分中介作用。具体来说，当消费者入住民宿之后，感知到符号的特色程度越高，越能提升其愉悦体验感知，进而提高消费者的再宿意愿。综上，假设 H6c 成立。

当自变量为活动的特色，中介变量为新颖体验，因变量为再宿意愿时，结果如表 5-38 所示。

表 5-38 新颖体验在活动的特色与再宿意愿之间的中介作用

路径		效应值	较低值	较高值	P
活动的特色—新颖体验—再宿意愿	间接效应	0.103	0.049	0.202	< 0.001
活动的特色—再宿意愿	直接效应	0.396	0.316	0.475	< 0.001
活动的特色—再宿意愿	总效应	0.499	0.428	0.569	< 0.001

从表 5-38 可知，活动的特色—新颖体验—再宿意愿的间接效应值为 0.103，置信区间未涵盖 0，P 值小于显著水平 0.001，故假设成立，活动的特色对再宿意愿的直接效应值为 0.396，置信区间不涵盖 0，P 值小于显著水平 0.001，故假设成立，即间接效应与直接效应相加之和为总效应，总效应值为 0.499，表明了新颖体验在活动的特色与再宿意愿之间起到了部分中介作用。具体来说，当消费者入住民宿之后，感知到活动的特色程度越高，越能提升其新颖体验感知，进而提高消费

者的再宿意愿。综上，假设 H7a 成立。

当自变量为活动的特色，中介变量为舒适体验，因变量为再宿意愿时，结果如表 5-39 所示。

表 5-39　舒适体验在活动的特色与再宿意愿之间的中介作用

路径		效应值	较低值	较高值	P
活动的特色—舒适体验—再宿意愿	间接效应	0.172	0.100	0.265	< 0.001
活动的特色—再宿意愿	直接效应	0.344	0.269	0.420	< 0.001
活动的特色—再宿意愿	总效应	0.499	0.428	0.569	< 0.001

从表 5-39 可知，活动的特色—舒适体验—再宿意愿的间接效应值为 0.172，置信区间未涵盖 0，P 值小于显著水平 0.001，故假设成立，活动的特色对再宿意愿的直接效应值为 0.344，置信区间不涵盖 0，P 值小于显著水平 0.001，故假设成立，即间接效应与直接效应相加之和为总效应，总效应值为 0.499，表明了舒适体验在活动的特色与再宿意愿之间起到了部分中介作用。具体来说，当消费者入住民宿之后，感知到活动的特色程度越高，越能提升其舒适体验感知，进而提高消费者的再宿意愿。综上，假设 H7b 成立。

当自变量为活动的特色，中介变量为愉悦体验，因变量为再宿意愿时，结果如表 5-40 所示。

表 5-40　愉悦体验在活动的特色与再宿意愿之间的中介作用

路径		效应值	较低值	较高值	P
活动的特色—愉悦体验—再宿意愿	间接效应	0.145	0.080	0.271	< 0.001
活动的特色—再宿意愿	直接效应	0.354	0.272	0.436	< 0.001
活动的特色—再宿意愿	总效应	0.499	0.428	0.569	< 0.001

从表 5-40 可知，活动的特色—愉悦体验—再宿意愿的间接效应值为 0.145，置信区间未涵盖 0，P 值小于显著水平 0.001，故假设成立，活动的特色对再宿意愿的直接效应值为 0.354，置信区间不涵盖 0，P 值小于显著水平 0.001，故假设成立，即间接效应与直接效应相加之和为总效应，总效应值为 0.499，表明了愉悦体验在活动的特色与再宿意愿之间起到了部分中介作用。具体来说，当消费者入住民

宿之后，感知到活动的特色程度越高，越能提升其愉悦体验感知，进而提高消费者的再宿意愿。综上，假设 H7b 成立。

当自变量为民宿特色，中介变量为住宿体验，因变量为再宿意愿时，结果如表 5-41 所示。

表 5-41　住宿体验在民宿特色与再宿意愿之间的中介作用

路径		效应值	较低值	较高值	P
民宿特色—住宿体验—再宿意愿	间接效应	0.220	0.074	0.328	< 0.001
民宿特色—再宿意愿	直接效应	0.499	0.389	0.609	< 0.001
民宿特色—再宿意愿	总效应	0.718	0.634	0.803	< 0.001

从表 5-41 可知，民宿特色—住宿体验—再宿意愿的间接效应值为 0.220，置信区间未涵盖 0，P 值小于显著水平 0.001，故假设成立，民宿特色对再宿意愿的直接效应值为 0.449，置信区间不涵盖 0，P 值小于显著水平 0.001，故假设成立，即间接效应与直接效应相加之和为总效应，总效应值为 0.718，表明了住宿体验在民宿特色与再宿意愿之间起到了部分中介作用。具体来说，当消费者入住民宿之后，感知到民宿特色程度越高，越能提升其住宿体验感知，进而提高消费者的再住宿意愿。综上，假设 H8 成立。

四、调节效应分析

为进一步探讨消费者求新动机在民宿特色对再宿意愿影响机制中的调节作用，本书进行了调节效应分析。本书主要采用 SPSS25.0 和 Hayes 开发的 Process 插件进行调节效应统计数据的分析处理（Model 14）。

以民宿特色为自变量，新颖体验为中介变量，再宿意愿为因变量，求新动机为调节变量，同时纳入性别、年龄、月收入、学历等人口学统计信息作为控制变量进行分层回归分析。结果如表 5-42 所示，交互项（新颖体验 × 求新动机）显著（$t=-1.98$，$P=0.04<0.05$）。表明新颖体验对再宿意愿的作用显著受到了调节变量（求新动机）在不同水平的影响。条件间接效应见表 5-43，可知当求新动机处于低水平时（低于 1 个标准差），新颖体验在民宿特色与再宿意愿之间的中介作用才显著，当消费者的求新动机处于中高水平时，新颖体验的中介作用不显著，

即消费者对民宿特色感知再强，新颖体验再高，中高求新动机的个体也并不一定会在下次选择同样的民宿入住。综上，调节中介模型成立，H9a 得到验证。

表 5-42　求新动机在新颖体验与再宿意愿间的调节作用

	再宿意愿				新颖体验			
	β	SE	t 值	p 值	β	SE	t 值	p 值
常数	−0.257	0.67	−0.384	0.701	0.762	0.452	1.686	0.093
民宿特色	0.652	0.052	12.452	0.000**	0.779	0.06	13.068	0.000**
求新动机	0.407	0.188	2.166	0.031*				
性别	0.065	0.053	1.216	0.225	−0.014	0.075	−0.181	0.856
年龄	−0.014	0.034	−0.422	0.673	0.002	0.047	0.04	0.968
月收入	0.042	0.02	2.061	0.040*	0.032	0.028	1.129	0.26
学历	−0.063	0.053	−1.17	0.243	−0.026	0.075	−0.344	0.731
职业	−0.074	0.021	−3.544	0.000**	−0.008	0.029	−0.287	0.775
入住次数	0.044	0.037	1.191	0.234	0.021	0.052	0.395	0.693
入住形式	0.042	0.044	0.975	0.33	−0.017	0.061	−0.278	0.781
入住动机	−0.015	0.025	−0.619	0.536	0	0.035	0.008	0.993
价格区间	0.055	0.028	1.944	0.053	0.073	0.039	1.852	0.065
新颖体验	0.349	0.123	2.825	0.005**				
新颖体验 × 求新动机	−0.083	0.042	−1.981	0.048*				
样本量	389				389			
R^2	0.511				0.352			
调整 R^2	0.493				0.333			
F 值	F（13,375）=30.191,p=0.000				F（10,378）=20.506,p=0.000			

* $p<0.05$ ** $p<0.01$ *** $p<0.01$

表 5-43　条件间接效应（新颖体验）

中介变量	水平	水平值	Effect	BootSE	BootLLCI	BootULCI
	低水平（−1SD）	1.961	0.145	0.057	0.033	0.259
新颖体验	平均值	3.168	0.068	0.05	−0.037	0.165
	高水平（+1SD）	4.375	−0.01	0.088	−0.194	0.157

以民宿特色为自变量，舒适体验为中介变量，再宿意愿为因变量，求新动机为调节变量，同时纳入性别、年龄、月收入、学历等人口学统计信息作为控制变量进行分层回归分析。结果如表5-44所示，交互项（舒适体验 × 求新动机）显著（$t=-2.67$，$P=0.008<0.01$）。表明舒适体验对再宿意愿的作用显著受到了调节变量（求新动机）在不同水平的影响。条件间接效应见表5-45，可知当求新动机处于中低水平时（均值或低于1个标准差），舒适体验在民宿特色与再宿意愿之间的中介作用才显著，当消费者的求新动机处于高水平时（高于1个标准差），舒适体验的中介作用不显著，即消费者对民宿的民宿特色感知再强，舒适体验再高，但高求新动机的个体也并不一定会在下次选择同样的民宿入住。综上，调节中介模型成立，H9b得到验证。

表 5-44　求新动机在舒适体验与再宿意愿间的调节作用

	再宿意愿				舒适体验			
	β	SE	t 值	p 值	β	SE	t 值	p 值
常数	−0.21	0.521	−0.403	0.687	0.955	0.526	1.817	0.07
民宿特色	0.569	0.053	10.721	0.000***	1.012	0.069	14.578	0.000***
求新动机	0.377	0.135	2.801	0.005**				
性别	0.054	0.052	1.035	0.301	0.081	0.087	0.923	0.357
年龄	−0.012	0.033	−0.372	0.71	−0.018	0.055	−0.322	0.748
月收入	0.047	0.02	2.366	0.018*	−0.007	0.033	−0.198	0.843
学历	−0.027	0.052	−0.506	0.613	−0.199	0.087	−2.286	0.023*
职业	−0.071	0.02	−3.482	0.001**	−0.062	0.034	−1.825	0.069
入住次数	0.057	0.036	1.596	0.111	−0.08	0.06	−1.317	0.189
入住形式	0.061	0.042	1.447	0.149	−0.117	0.071	−1.645	0.101
入住动机	−0.007	0.024	−0.278	0.781	−0.065	0.041	−1.595	0.112
价格区间	0.052	0.027	1.894	0.059	0.047	0.046	1.021	0.308
新颖体验	0.392	0.09	4.368	0.000***				
舒适体验 × 求新动机	−0.08	0.03	−2.672	0.008**				
样本量	389				389			
R^2	0.538				0.408			

表 5-44（续）

	再宿意愿				舒适体验			
	β	SE	t 值	p 值	β	SE	t 值	p 值
调整 R^2	0.52				0.391			
F 值	$F(13,375)=33.542, p=0.000$				$F(10,378)=26.103, p=0.000$			

* $p<0.05$ ** $p<0.01$ *** $p<0.01$

表 5-45　条件间接效应（舒适体验）

中介变量	水平	水平值	Effect	BootSE	BootLLCI	BootULCI
舒适体验	低水平（-1SD）	1.961	0.239	0.065	0.115	0.373
	平均值	3.168	0.142	0.059	0.006	0.243
	高水平（+1SD）	4.375	0.045	0.103	-0.208	0.195

　　以民宿特色为自变量，愉悦体验为中介变量，再宿意愿为因变量，求新动机为调节变量，同时纳入性别、年龄、月收入、学历等人口学统计信息作为控制变量进行分层回归分析。结果如表 5-46 所示，交互项（愉悦体验 × 求新动机）显著（$t=-1.35$，$P=0.175>0.05$）。表明愉悦体验对再宿意愿的作用显著未受到调节变量（求新动机）在不同水平的影响。但是条件间接效应见表 5-47，可知当求新动机处于中低水平时（均值或低于 1 个标准差），愉悦体验在民宿特色与再宿意愿之间的中介作用才显著，当消费者的求新动机处于高水平时（高于 1 个标准差），愉悦体验的中介作用不显著，即消费者对民宿特色感知再强，愉悦体验再高，但高求新动机的个体也并不一定会在下次选择同样的民宿入住。综上，调节中介模型仍然成立，H9c 得到验证。

表 5-46　求新动机在愉悦体验与再宿意愿间的调节作用

	再宿意愿				愉悦体验			
	β	SE	t 值	p 值	β	SE	t 值	p 值
常数	0.133	0.682	0.194	0.846	0.39	0.45	0.867	0.386
民宿特色	0.601	0.054	11.043	0.000***	0.861	0.059	14.506	0.000***
求新动机	0.286	0.189	1.513	0.131				
性别	0.038	0.054	0.700	0.484	0.195	0.075	2.602	0.010**
年龄	-0.01	0.033	-0.287	0.774	-0.02	0.047	-0.434	0.665

表 5-46（续）

	再宿意愿				愉悦体验			
	β	SE	t 值	p 值	β	SE	t 值	p 值
月收入	0.047	0.02	2.333	0.020*	−0.013	0.028	−0.472	0.637
学历	−0.056	0.053	−1.049	0.295	−0.041	0.075	−0.548	0.584
职业	−0.076	0.021	−3.653	0.000***	−0.024	0.029	−0.823	0.411
入住次数	0.052	0.037	1.429	0.154	−0.05	0.052	−0.963	0.336
入住形式	0.046	0.043	1.058	0.291	−0.012	0.061	−0.199	0.843
入住动机	−0.019	0.025	−0.793	0.428	0.019	0.035	0.55	0.583
价格区间	0.051	0.028	1.839	0.067	0.063	0.039	1.599	0.111
新颖体验	0.317	0.12	2.633	0.009**				
愉悦体验 × 求新动机	−0.057	0.042	−1.358	0.175				
样本量	389				389			
R^2	0.52				0.401			
调整 R^2	0.502				0.384			
F 值	F（13,375）=31.303,p=0.000				F（10,378）=25.338,p=0.000			

* $p<0.05$ ** $p<0.01$ *** $p<0.01$

表 5-47　条件间接效应（愉悦体验）

中介变量	水平	水平值	Effect	BootSE	BootLLCI	BootULCI
	低水平（−1SD）	1.961	0.177	0.060	0.064	0.301
愉悦体验	平均值	3.168	0.119	0.056	0.006	0.226
	高水平（+1SD）	4.375	0.06	0.093	−0.130	0.239

　　以民宿特色为自变量，住宿体验为中介变量，再宿意愿为因变量，求新动机为调节变量，同时纳入性别、年龄、月收入、学历等人口学统计信息作为控制变量进行分层回归分析。结果如表 5-48 所示，交互项（住宿体验 × 求新动机）显著（t=9.20, P=0.000<0.001）。表明住宿体验对再宿意愿的作用显著受到调节变量（求新动机）不同水平的影响。但是条件间接效应见表 5-49，可知当求新动机处于中低水平时（均值或低于 1 个标准差），住宿体验在民宿特色与再宿意愿

之间的中介作用才显著，当消费者的求新动机处于高水平时（高于 1 个标准差），愉悦体验的中介作用不显著，即消费者对民宿特色感知再强，住宿体验再高，但高求新动机的个体也并不一定会在下次选择同样的民宿入住。综上，调节中介模型仍然成立，H10 得到验证。

表 5-48 求新动机在住宿体验与再宿意愿间的调节作用

	再宿意愿				住宿体验			
	β	SE	t 值	p 值	β	SE	t 值	p 值
常数	0.539	0.059	9.208	0.000**	0.884	0.05	17.643	0.000**
民宿特色	0.469	0.205	2.29	0.023*				
求新动机	0.05	0.052	0.947	0.344	0.087	0.063	1.382	0.168
性别	−0.011	0.033	−0.337	0.736	−0.012	0.04	−0.304	0.762
年龄	0.046	0.02	2.291	0.023*	0.004	0.024	0.17	0.865
月收入	−0.041	0.052	−0.785	0.433	−0.089	0.063	−1.408	0.16
学历	−0.072	0.02	−3.522	0.000**	−0.032	0.025	−1.281	0.201
职业	0.054	0.036	1.488	0.138	−0.036	0.044	−0.831	0.406
入住次数	0.055	0.042	1.305	0.193	−0.049	0.051	−0.948	0.344
入住形式	−0.013	0.024	−0.537	0.592	−0.015	0.029	−0.516	0.606
入住动机	0.049	0.028	1.781	0.076	0.061	0.033	1.837	0.067
价格区间	0.512	0.131	3.904	0.000**				
新颖体验	−0.1	0.045	−2.199	0.028*				
住宿体验 × 求新动机	0.539	0.059	9.208	0.000**	0.884	0.05	17.643	0.000**
样本量	389				389			
R^2	0.537				0.495			
调整 R^2	0.52				0.48			
F 值	$F(13,375)=33.507, p=0.000$				$F(10,378)=37.040, p=0.000$			

* $p<0.05$ ** $p<0.01$ *** $p<0.01$

表 5-49　条件间接效应（住宿体验）

中介变量	水平	水平值	Effect	BootSE	BootLLCI	BootULCI
愉悦体验	低水平（-1SD）	1.961	0.28	0.077	0.133	0.436
	平均值	3.168	0.173	0.077	0.015	0.321
	高水平（+1SD）	4.375	0.067	0.131	-0.207	0.307

五、假设检验结果总结

根据本书上一节的分析结果，对研究假设的检验结果进行总结，如表 5-50 所示，本书中除了假设 H2a、假设 H4a 不成立外，其他假设均成立。

表 5-50　本书假设验证情况

序号	假设描述	假设结果
H1a	民宿主题的特色正向影响再宿意愿	支持
H1b	民宿主题的特色正向影响民宿新颖体验	支持
H1c	民宿主题的特色正向影响民宿舒适体验	支持
H1d	民宿主题的特色正向影响民宿愉悦体验	支持
H2a	民宿符号的特色正向影响再宿意愿	不支持
H2b	民宿符号的特色正向影响民宿新颖体验	支持
H2c	民宿符号的特色正向影响民宿舒适体验	支持
H2d	民宿符号的特色正向影响民宿愉悦体验	支持
H3a	民宿活动的特色正向影响再宿意愿	支持
H3b	民宿活动的特色正向影响民宿新颖体验	支持
H3c	民宿活动的特色正向影响民宿舒适体验	支持
H3d	民宿活动的特色正向影响民宿愉悦体验	支持
H4a	民宿新颖体验正向影响再宿意愿	不支持
H4b	民宿舒适体验正向影响再宿意愿	支持
H4c	民宿愉悦体验正向影响再宿意愿	支持
H5a	新颖体验在民宿主题的特色与再宿意愿之间具有中介作用	支持
H5b	舒适体验在民宿主题的特色与再宿意愿之间具有中介作用	支持
H5c	愉悦体验在民宿主题的特色与再宿意愿之间具有中介作用	支持
H6a	新颖体验在民宿符号的特色与再宿意愿之间具有中介作用	支持

表 5-50（续）

序号	假设描述	假设结果
H6b	舒适体验在民宿符号的特色与再宿意愿之间具有中介作用	支持
H6c	愉悦体验在民宿符号的特色与再宿意愿之间具有中介作用	支持
H7a	新颖体验在民宿活动的特色与再宿意愿之间具有中介作用	支持
H7b	舒适体验在民宿活动的特色与再宿意愿之间具有中介作用	支持
H7c	愉悦体验在民宿活动的特色与再宿意愿之间具有中介作用	支持
H8	住宿体验在民宿的民宿特色与再宿意愿之间具有中介作用	支持
H9a	对于高求新动机的消费者，新颖体验在民宿特色与再宿意愿之间的中介作用不显著，存在有调节的中介模型	部分支持
H9b	对于高求新动机的消费者，舒适体验在民宿特色与再宿意愿之间的中介作用不显著，存在有调节的中介模型	支持
H9c	对于高求新动机的消费者，愉悦体验在民宿特色与再宿意愿之间的中介作用不显著，存在有调节的中介模型	支持
H10	对于高求新动机的消费者，住宿体验在民宿特色与再宿意愿之间的中介作用不显著，存在有调节的中介模型	支持

第五节　小结

本次调研主要针对浙江省德清县莫干山游客进行数据收集，在对问卷进行修改和完善的基础上，在调研地以收集问卷的形式进行大规模的问卷发放。2022 年 5 月 1 日至 12 日开展预调研，将 324 份预调研问卷发放给莫干山 13 个不同民宿，回收问卷 305 份，回收率为 94.16%，除去无效数据其余 298 份为有效调查问卷，有效率 97.7%，满足问卷调查有效率，可用作分析样本。通过探索性因子分析和测量项目的信度分析，最终把 67 个原始问项删减为 64 个问项。

在 2022 年 7 月 15 日至 8 月 15 日之间开启正式问卷调查。对 30 家民宿进行 430 份调查，回收问卷 403 份，回收率为 93.72%。通过问卷调查了解游客在住宿过程中对于民宿的感知与评价情况。本书的实证研究以 IBM SPSS 25.0、AMOS 24.0 软件进行数据分析。利用 IBM SPSS25.0 对数据进行描述性统计分析、探索性因子分析，利用 AMOS 24.0 对数据进行验证性因子分析，并对数据模型进行假设检验。分析结果表明，所有测量模型都显示出了高信度、高效度，表明编制的量表是行之有效的。总体测量模型测试 CFA 测试的结果还表明，各个主要构念的构念信度和收敛效度、在区分效度方面达到了可以接受的程度。

通过以上分析，明确变量结构，就民宿特色对住宿体验和顾客再宿意愿的影响概念模型进行假设检验，发现模型拟合度良好。运用回归分析开展中介效应检验和调节效应的检验，结果显示住宿体验作为中介变量和求新动机作为调节变量在民宿特色和顾客再宿意愿之间均有显著性。

第六章　民宿顾客再宿意愿提升策略

　　本书质性分析结果和量化分析结果对民宿如何提高顾客再宿意愿具有重要的启示作用。分析结果显示，民宿特色对顾客再宿意愿具有显著的直接或者间接影响，同时住宿体验、求新动机也是影响顾客再宿意愿的重要因素。鉴于本书的主要结论，需要从打造民宿"第三场所"情景化、创造基于情感的住宿体验两方面入手来提升民宿顾客再宿意愿。

第一节　打造民宿"第三场所"情景化

　　美国学者雷·欧登伯格（Ray Oldernburg,1999）首次在 *The Great Good Place*（（伟大的好地方））[1] 书中提出第三场所（The Third Place），是指除"家"和"工作场所"之外的非正式公共空间。无论是城市的室外休闲场所，如绿地、公园、广场等，还是室内休闲场所，如酒吧、书店、理发沙龙等，都归纳为第三场所。总体来说，第三场所能够通过环境和情境的营造、人与人之间的互动等方式帮助人们逃离城市和生活带来的压力，缓解压抑情绪，提高舒适度和愉悦感。民宿在某种意义上就是旅游者的第三场所，打造民宿"第三场所"情景化是提升民宿旅游者住宿体验的重要方式。

一、强化民宿特色的运用

　　随着人们生活水平的不断提高，游客不再拘泥于被动接受旅游目的地及其提

---

　　[1]　Ray Odenburg. The great good place: Cafes, coffee shops, bookshore, bars, hair salons,and other hangouts at the heart of a community（Third Edition）[M]. Cambridge: Da Capo PRESS, 1999:40.

供的旅游产品，而是主动参与旅游的创造和发展。民宿旅游亦是如此。因此研究顾客的住宿体验对民宿旅游发展至关重要。本书研究结论显示，民宿特色对游客住宿体验和再宿意愿具有显著作用，故认为民宿特色的研究对民宿旅游发展具有积极作用。民宿主题的特色、符号的特色、活动的特色在不同程度上影响游客的体验感知和再宿意愿。特色是民宿的灵魂，每个入住民宿的旅游者都对领略民宿特色充满期待，因此，民宿经营者在管理上，应有针对性地围绕民宿品牌定位、自然环境和服务类型开发民宿旅游产品。民宿主题的特色是民宿宣传标签，是民宿旅游者对民宿的初次印象。主题设计方式就在于创造一个模拟的体验环境，强调其独特的文化等。在民宿品牌定位上，拓展以文化为主题的民宿，形成个性化主题文化氛围，包括环境文化景观、室内主题文化元素、房客接待者言行、服饰等。民宿符号的特色是民宿的外在形象，且符号便于传播和记忆。在民宿特色符号上，注重打造民宿的自然环境，要求经营者选址交通便利、方便定位、周边自然环境舒适且公共卫生水平较高的区域。民宿活动的特色是旅游者与民宿从业人员和当地居民的交流和互动，参与具有当地特色的活动。在特色活动上，强调主客互动，民宿经营者组织和开展具有当地文化和特色的活动，由此提升游客体验情绪并产生再宿意愿。民宿的特色是吸引游客的主要因素，民宿旅游中特色的研究对民宿发展具有重要的实践意义和现实意义。因此，民宿特色的运用对第三场所情境的营造至关重要。

第一，民宿主题鲜明策略。首先，民宿主题要鲜明独特，要真实充分反映民宿所在地的文脉、地脉和人脉等特点。特色的主题是吸引民宿旅游者的关键，能够体现出其丰富的文化内涵，例如以康养为主题的民宿、以爱情为主题的民宿、以奢华为主题的民宿、以环保为主题的民宿等，特色赋予旅游产品生命力，更容易让旅游者产生情感上的共鸣，提升住宿体验。其次，民宿主题要创新。越来越多的旅游者向往异质化的住宿，体验当地特色的文化和传统，因此民宿经营者要重视文化资源的整合、产业的融合、技术的创新，加强民宿主题特色的创意性开发，使旅游者在休闲放松的同时，更能开阔视野，增长见识，提升住宿体验。

第二，民宿符号特色化策略。旅游者用不同的感官去感知民宿，短暂停留的环境也可以通过不同的方式给旅游者情感上的触动，进而为其留下深刻永久的记忆，比如民宿文化的符号、特色的环境、多彩的建筑、浓郁的方言、特色的服饰、特别的地标等，体验当地的文化与传统，老街老巷，传统工艺、美味佳肴、传统节日与特色服装更受到民宿游客喜爱。民宿形象以当地原有资源为基础，进行创新与发展，有助于增强旅游者的体验感。

第三，民宿活动地方化策略。民宿从业人员在当地自然资源、人文资源的基础上，为旅游者组织相互交流和情感碰触的活动。当地的传统节日庆典、生产活动，甚至与当地居民同吃同住、交流互动等，能够使旅游者与民宿经营者及当地居民产生情感共鸣，加深对地方的依恋，进而形成再宿意愿。

二、提高特色活动的参与体验性

民宿提供的特色活动的参与性为旅游者提供了和他人互动与建立关联的机会，活动参与过程中不同群体的有机互动，提高了旅游者的体验强度，活动的参与增强了旅游者的关联和记忆。其中特色活动的参与包括旅游者之间的互动和与当地居民的互动。

第一，旅游者之间有机互动策略。民宿从业人员设计的特色活动要能够充分调动旅游者的参与热情，设计的活动要与当地民俗或特色资源相关，能够充分调动起旅游者的兴趣，以增加居住游客间的交流。民宿与传统住宿产品相比，更容易彼此影响而促成群体互动。群体互动是引发入住游客群体意识与社会意识的一个重要途径，对满足旅游者情感需要、社会需求与自我实现同样重要。民宿个体间相互作用在一定程度上促进了彼此关系的改善。游客群体中各成员间互助、亲密互动与共享，能唤醒感情的满足感，帮助提升旅游体验（Gurtin, 2010）。旅游者与他人互动，与他人合作，与他人发生思想碰触和情感共鸣，深切体会被需要、被尊重的心理支持，体现自我价值，具有重要的社会意义，同时能够提升旅游者的住宿体验。

第二，旅游者与当地居民深度互动策略。越来越多的旅游者追求异质化、个性化的住宿体验，帮助他们了解当地传统与文化对住宿体验能够产生积极的影响。旅游者融入当地生活是其追求"地方感"最直接有效的方式。因此，民宿为旅游者设计特色的活动增加旅游者与当地居民接触的机会，参加当地传统节日活动、参与当地生产活动等是旅游者与当地居民互动的最佳方式。当地居民是活动中最鲜活、最重要的部分，旅游者渴望与更多的当地居民进行交流互动，这对于民宿旅游者体验地方感至关重要。

第三，旅游者与民宿经营者情感互动策略。相较一般酒店，民宿主客关系更人性化。基于前文质性研究网络文本资料，旅游者更追求与经营者的互动和情感碰触。与房主一起做饭、参加房主生日聚会、向房主学习制作当地传统手工艺品、与房主聊天喝酒等全方位参与经营者生活生产，深刻体验经营者经营理念、地方文化、当地民俗，能够激发旅游者与民宿经营者认知和情感的共鸣，提高游客住宿体验效果，增强再宿意愿。

第二节　创造基于情感的住宿体验

一、关注以旅游者为中心的住宿体验

旅游者的体验价值是以旅游者为中心，在与其他主体的互动中产生。民宿住宿体验价值与价值意义，本质是投入与产出的比例，旅游者在住宿过程中投入不同程度的自身资源，即时间、金钱、精力、知识、经验、技能等，因此，渴望从住宿中获得满意的体验价值。生活水平的提高、工作和生存的压力使旅游者更追求个性化、高端化和异质化的产品和服务，因此，民宿经营者需要更加主动地让旅游者参与到价值创造中去，在体验经济背景下，民宿可以采取以下策略。

第一，个性化与异质化策略。选择入住民宿的旅游者与一般旅游情境下的游客相比，往往追求更高端、更细致的体验，因而，提供个性化和异质化的产品和服务是民宿营销的制胜法宝。民宿经营者应充分了解和挖掘每个游客的价值诉求，以每个游客的需求和兴趣为基础，为游客定制设计不同的产品和活动，及时高效地满足每个民宿旅游者的期望。民宿经营者在产品设计和活动组织中，从产品、项目、活动、互动等各个环节都应精心设计，扮演好每个环节的角色。唐文跃（2013）提出地方特色是吸引游客选择民宿的重要因素，使游客切身感受当地人文风貌，提高游客住宿体验质量，增强其情感共鸣，进而影响游客的再宿意愿。首先，民宿经营者是民宿个性化的主要象征。民宿经营者有本地居民与外来人员之分。从本地居民经营者角度来看，他们一般地方性强，但专业经营管理知识相对欠缺，无法对民宿进行有效的管理。从外来经营者角度来看，他们或许有很高的经营管理能力，但地方性欠缺。从理论上看，两者在服务理念、设施设备及环境营造等方面都存在较大差异。因此，民宿发展必须地方—专业融合，以地方文化原真性

及专业管理水平，提升游客民宿体验质量，增进顾客再宿意向。其次，在民宿的设计和开发上突出个性化。舒适体验是顾客住宿体验的重要维度，提供现代化、便捷化基础设施是提升顾客舒适体验的重要因素。此外，在民宿设计上，以地方文化为核心，打造独特的民宿建筑和装饰风格，为游客传递在地文化和地方原真性。最后，民宿经营者要以地方民俗、节庆为基础组织和开展个性化活动，如，莫干山利用其自然生态环境组织游客参加山野自行车比赛等，建立主客共睦态。

第二，全过程高质量管理策略。旅游者体验价值的生成贯穿住宿整个过程，从民宿预订时对网络和宣传册的浏览到民宿入住中与工作人员的交流沟通，以及对住宿事宜的咨询，再到民宿的服务，整个过程都会对旅游者的住宿体验产生影响。以住宿全过程为核心逻辑，在旅游者预订、咨询中，民宿要做到沟通方便、快捷，提供真实可靠的信息，住宿过程中，应持续互动，及时了解游客的需求，提供贴心的服务，为游客介绍产品和项目，提高旅游者住宿体验质量，退房后，应及时收集反馈意见信息，建立和维护良好的客户关系。

二、强化以情感为中心的营销

情感经济时代，以情感营销和情感服务为中心，使用情感的力量提高消费者的忠诚度和购买力已成为营销界最关注的营销策略。随着生活水平的提高，消费者更加理性和成熟，消费者开始从对旅游产品价格的关注转变为情感的满足和心理上的认同，情感体验成为旅游者最重要的住宿体验。因此，民宿经营者可以采取以下策略。

第一，关系转变策略。从本书质性研究的网络文本材料中发现，较多旅游者会受民宿经营者、当地居民等是否能够友好相处影响，能够留下美好回忆和深刻印象的事件会决定游客的再宿意愿。民宿住宿过程中，旅游者参与民宿组织的活动，与民宿经营者和当地居民聊天交流，甚至参加他们的聚会、节日等，此过程是两者之间关系转变和升华的关键，伴随情感的碰触，交易关系逐渐向伙伴关系转变。在人际交往中，民宿经营者与旅游者之间增进了解和信任，逐渐由服务关系向社交关系转变。交流沟通中，信息共享，增进了民宿经营者与游客之间的交流，及时征求游客对服务和工作的建议，加强对员工的培训和教育，利益关系向合作关系转变。关系转变营销，能够提高民宿旅游者的住宿体验质量和忠诚度。

第二，情感营销策略。所谓情感营销就是在心理上进行沟通、感情上进行交流以取得消费者信任与青睐。相较于一般旅游者，民宿旅游者更追求情感服务。比如，民宿旅游者可能追求的是心灵的滋养，对人生态度的洗礼；也可能是夫妻之间爱的甜蜜，情感的释放；可能是对中国传统思想的渴望和追求等。因而，民宿应赋予产品和服务鲜明的符号和寓意，使得民宿旅游者产生情感上的共鸣，触动游客心灵，提高住宿体验质量和再宿意愿。

第三节　小结

本章基于前文质性研究、网络文本资料的分析和实证研究结果，提出提升旅游者再宿意愿的测量。从旅游者、民宿两个视角，分别提出打造民宿"第三场所"情景化和基于住宿体验的价值共创的内容。

一方面，从民宿角度看，民宿是旅游者的"第三场所"，打造民宿情景化氛围，有利于提高旅游者住宿体验。首先，注重民宿特色的运用。基于本书质性研究和实证分析结果，民宿特色的运用从三个方面入手。第一，凸显民宿鲜明主题，体现民宿丰富的文化内涵；第二，呈现民宿符号特色，以感知体验给旅游者留下深刻的印象；第三，打造民宿活动地方化，促进旅游者与地方的共情。其次，提高特色活动的参与体验性。为旅游者提供互动与情感交流的机会，采用旅游者群体间的有机互动策略、旅游者与当地居民的深度互动策略、旅游者与民宿经营者的情感互动策略增强旅游者住宿体验的介入程度和体验质量。

另一方面，从旅游者角度看，体验经济，消费者的情感参与对企业增强竞争力至关重要。第一，基于旅游者的特征和诉求，民宿开发个性化和异质化的产品和服务，满足旅游者个体需求，全过程高质量管理，为民宿旅游者创造更好的住宿体验；第二，情感经济时代，以情感营销和情感服务为中心，用情感的力量增强消费者的忠诚度和购买力已成为营销界最常用的营销策略。旅游者参与民宿组织的活动，能够促进两者之间的关系转变和升华，伴随情感的碰触，交易关系向伙伴关系转变，服务关系向社交关系转变，利益关系向合作关系转变。民宿赋予产品和服务鲜明的符号和寓意，旅游者产生情感共鸣，触动游客心灵，能够提高住宿体验质量和再宿意愿。

第七章 研究结论与展望

本章以民宿特色对顾客再宿意愿影响的实证研究为主要内容，为目前特色民宿的相关研究提供了一个新的研究视角。本章主要是对前文研究的结果进行相应的梳理。首先，在对本书得到的相关实证结果进行总结的基础之上，提出对于特色民宿的发展方向以及目的地企业营销管理的相关建议。其次，明确了本书的局限性，并在本章最后提出了未来有关研究的进一步展望。

第一节 主要研究结论

民宿热潮的居高不下，使民宿研究成为旅游业界讨论的热点，但是，理论研究相对滞后于实践发展，且对民宿特色的研究更是匮乏。本书梳理了国内外相关文献，分析实地调研数据，围绕"民宿特色——民宿住宿体验（民宿体验结果）——顾客再宿意愿"这一基本思路，采用理论分析、文献综述、样本统计与内容分析相结合的标准研究方法进行实证研究。本书主要采用 SPSS 25.0 和 AMOS 24.0 对正式调研数据进行处理，SPSS 25.0 主要用于完成描述性统计分析、探索性因子分析、调节中介模型的验证；AMOS 24.0 用于验证性因子分析和研究模型的假设检验。合理利用定性和定量分析方法，充分分析调查问卷获得的游客对民宿特色感知后的住宿体验和再宿意愿，进而探索出民宿特色对顾客再宿意愿的促进机制，从而形成民宿特色、住宿体验和顾客再宿意愿的测量量表。首先，通过对莫干山民宿消费者访谈收集相关问卷，运用描述性统计分析、探索性因子分析、结构方程回归分析、样本方差分析等科学有效的方法验证民宿特色、住宿体验与顾客再宿意愿 3 个变量之间的关系，并在各个变量的不同维度之间进行深入分析研究。结果显示，理论模型和数据模型均符合标准，由此得出本书的理论模型科学合理，在研究住宿体验对顾客再宿意愿的影响中具有应用性。本书将理论分析与实证分析相结合，并以此为基础得出了研究的结论，概括起来主要有以下几个方面。

一、民宿特色对住宿体验的影响

本书对顾客住宿体验的中介效应进行检验发现，顾客住宿体验在民宿特色与顾客再宿意愿之间具有中介调节效应。本书研究结果显示民宿特色对顾客再宿意愿的中介效应不完全通过中介变量即顾客住宿体验形成影响，民宿特色在一定程度上直接影响顾客再宿意愿的形成。民宿特色对住宿体验的三个维度，即新颖体验、舒适体验和愉悦体验都有着正向影响，且都通过了显著性水平检验，但是，主题的特色对愉悦体验（$B=0.133$）的影响程度不及主题的特色对新颖体验（$B=0.210$）和舒适体验（$B=0.375$）的影响，原因在于民宿的特征差异较大，而愉悦体验更多涉及情绪情感层次，对其的唤起过程更为复杂和缓慢，所以主题的特色的提升不会瞬间大幅度提升消费者的愉悦体验。

综上所述，本书认为游客在民宿旅游中首先对民宿的品牌和价值感知，而后通过视觉、触觉、嗅觉、味觉等识别和解读民宿特色，整个过程在民宿体验中建立与民宿的情感，最终对民宿产生认可和推崇，形成再宿意愿。

二、民宿特色对顾客再宿意愿的影响

本书对民宿特色类型进行界分并通过实证检验认为，民宿特色对顾客再宿意愿有着不同程度的影响，主题的特色和活动的特色对顾客再宿意愿均有显著的正向影响，但是符号的特色对顾客再宿意愿影响并不显著，意味着当消费者入住特色民宿时，感知的符号的特色越强时，即特色民宿周围的环境更好，空气更为清新，日光更为充足等，之后选择再次入住该民宿的意愿并不会显著提高。说明消费者选择再次入住的原因受到环境动机的影响较小。顾客的再宿意愿主要受到主题的特色和活动的特色的影响。

三、顾客住宿体验对再宿意愿的影响

本书通过中介效应分析检验发现，住宿体验在民宿特色和顾客再宿意愿中

具有中介效应。研究结果表明，民宿特色对顾客再宿意愿的中介效应不完全通过中介变量即住宿体验形成影响，民宿特色在一定程度上直接影响顾客再宿意愿。住宿体验的两个维度：舒适体验和愉悦体验对顾客再宿意愿有着正向影响，并且都通过了显著性检验。新颖体验对顾客住宿意愿影响不显著（$B=-0.001$，$p>0.001$），意味着即使消费者感知的新颖体验很强，之后选择再次入住该民宿的意愿也不会显著更高。本书认为新颖体验的高度满足客观上使得消费者形成了更高的预期，而再宿并不会在新颖体验上有更高的提升，因此消费者并不会因为新颖体验的提升而选择再次入住。另一个原因在于消费者自身特征起到了调节作用。

四、求新动机对顾客再宿意愿具有显著的调节作用

为进一步探讨消费者求新动机在民宿特色对再宿意愿影响机制中的调节作用，本书进行了调节效应分析，在控制游客性别、年龄、月收入、学历等人口学特征信息的情况下，研究结果显示，新颖体验对再宿意愿的作用显著受到了调节变量（求新动机）在不同水平的影响，即当消费者的求新动机处于低水平的同时，新颖体验在民宿特色与再宿意愿之间的中介作用才显著，当消费者的求新动机处于中高水平时，新颖体验的中介作用不显著，即消费者对民宿特色感知再强，新颖体验再高，中高求新动机的个体也并不一定会在下次选择同样的民宿入住；舒适体验对再宿意愿的作用显著受到了调节变量（求新动机）在不同水平的影响，即当求新动机处于中低水平时（均值或低于1个标准差），舒适体验在主题特色与再宿意愿之间的中介作用才显著，当消费者的求新动机处于高水平时（高于1个标准差），舒适体验的中介作用不显著，即消费者对民宿的民宿特色感知再强，舒适体验再高，但高求新动机的个体也并不一定会在下次选择同样的民宿入住；愉悦体验对再宿意愿的作用显著未受到调节变量（求新动机）在不同水平的影响，即当求新动机处于中低水平时（均值或低于1个标准差），愉悦体验在民宿特色与再宿意愿之间的中介作用才显著，当消费者的求新动机处于高水平时（高于1个标准差），愉悦体验的中介作用不显著，即消费者对民宿的主题特色感知再强，愉悦体验再高，但高求新动机的个体也并不一定会在下次选择同样的民宿入住。

第二节 研究的局限性与未来展望

一、研究的局限性

本书是与旅游学术界的热点议题"民宿"相关的探索性研究,本书以民宿旅游为脉络,从理论上深入探究民宿特色与消费者再宿意愿之间的关系,本书对国内外既有相关文献深入挖掘并进行系统分析,根据研究主题,提出了相应研究问题,采用科学合理研究方法,获得有效研究结论。本书结构规范,数据真实可信,结论具有一定的科学性和有效性。但是由于学术界对本书话题探讨相对比较匮乏,缺少可供参考和借鉴的研究成果,故增加了本书开展的局限性。另外受个人知识储备、资源、能力、时间方面的限制,本书未能做到完美无瑕,存在以下几点不足。

(一)研究设计的局限性

本书将民宿特色引入到民宿旅游研究领域,从研究理论和研究经验上都缺少可参考的资料,因此,从研究资料获取、研究方法选择等方面,探索性成分更多。此外,由于研究者对量表开发过程中所涉及的因素了解不深,使得量表开发结果并没有完全反映出被试个体的实际情况。再者,从实证研究的角度看,定量研究资料在获取上也有其局限性,由样本随机性向问卷填写质量转变,都有不完善之处。因笔者时间、人力、财力有限,在数据收集中,采取随机拦截抽样的方法进行问卷调查,因此样本数据可能会有局限性。在问卷调查期间,笔者先后两次前往浙江省德清县莫干山镇进行预调研和正式调研,即使最终收回问卷数量达到实证研究的要求和标准,并且莫干山民宿具有一定代表性,但是样本都集中在德清县莫干山地区,未覆盖到其他具有代表性的民宿,因此研究结论的普适性有待进一步检验。

(二)缺乏动态的民宿旅游跟踪研究

根据 Butler(1980)提出的旅游地生命周期理论证实,处在不同时段的旅游地,会表现出不同特点,因此,旅游者在旅游过程中,其态度与行为是随旅游时间的变化而变化的。由于民宿旅游具有旅游的共通性,故笔者认为其同样适用。由于旅游者的经济水平和生活方式的改变,对民宿体验的结果也会发生改变,而本书获取的样本数据仅停留在一个集中极端的横截面数据，未开展追踪调查。本书未开展游客对民宿特色感知差异的纵向动态变化研究，也没用对游客住宿前后及重游意愿的动态差异进行探索，因此，本书在民宿旅游跟踪研究方面具有一定局限性。

（三）量表的局限性

本书以网络文本分析方法和扎根理论方法探究，对研究结果进行了分析，并参考现有的民宿特色相关研究量表内容，开发了民宿特色量表，采用小组讨论法、德菲尔法，通过信度检验、探索性因子检验、验证性因子检验等方式检验了量表的质量，检验结果显示本书开发的量表具有良好的信效度。但是，民宿是新生事物，具有多变性、不定性等特征，使得本书很难做到绝对的精确，因此本量表在适用性方面具有一定局限性。此外，本书中的其他变量，即住宿体验、求新动机、再宿意愿量表是在借鉴国外相关研究开发成熟量表的基础上，结合本书情境，借助扎根理论方法，对已有测量量表进行相应修订编制而成，并且量表都经过了信效度分析检验并符合要求，具有合理性和科学性，但是囿于国内外研究情境的差异，并且上述变量具有一定复杂性，因此，以上量表还需在以后的研究中不断地完善与修改以便更科学、更高效。

（四）结论推广的局限性

受相关因素影响，本书选取浙江省莫干山作为研究案例地。虽然莫干山民宿发展早且具有典型性和代表性，但是地域性、文化性、地方性特征决定不同地区的民宿具有一定差异。而且，不同地区特色民宿提供的产品和服务有差异，对顾客再宿意愿的影响也是不同的。故本书之理论模型及相关结论是否适合其他地区民宿发展仍需进一步验证。

综上所述，旅游学界对民宿特色的研究相对匮乏，故本书对民宿特色、住宿体验对顾客再宿意愿的影响机制做了客观规范的实证研究，力图为今后民宿旅游研究提供一定程度的借鉴。

二、研究展望

近些年，民宿旅游越来越受到旅游者的青睐。对于民宿来说，保持其特色的本质才是民宿旅游可持续发展的关键。根据国内外民宿旅游的相关文献以及本书的研究结论，为解决上述研究局限，本书认为应从以下几点予以关注。

第一，拓宽研究的时间和地点，加强研究的普适性。在时间上，本书实证研究中预调研和正式调研时间均集中在 5 月至 8 月，属于民宿旅游旺季，而未对案例地的其他时间进行调研，今后的研究应拓宽调研时间，对不同经营周期的民宿旅游开展数据收集，针对民宿发展的不同阶段进一步解析民宿特色、住宿体验对顾客再宿意愿的影响机制。在案例地的选择上，虽然莫干山民宿具有较强的代表性，但是今后的研究应在更广泛的民宿旅游目的地开展，如丽江、阳朔等，对多地方典型民宿形成横向对比，才能保证研究的普适性，为民宿旅游发展提供重要价值。

第二，探索民宿特色对顾客再宿意愿影响的其他路径。本书对"民宿特色——住宿体验——再宿意愿"的链式关系展开了深入探究，并将求新动机作为调节变量纳入到关系模型中，对关系模型进行深入探讨并且开展了实证检验和分析，但是，民宿特色对顾客再宿意愿的影响路径并不局限于本书的结论，影响顾客再宿意愿的因素还有很多，所以还会存在其他研究路径和相关变量，故而未来研究应更深入挖掘其他影响因素，将可能具有中介作用或者调解作用的变量纳入关系模型中，完善和丰富民宿特色对顾客再宿意愿影响的理论框架。

参考文献

[1] 白丹，马耀峰，刘军胜.基于扎根理论的世界遗产旅游地旅游者感知评价研究———以秦始皇陵兵马俑景区为例 [J].干旱区资源与环境，2016，30（6）：198-203.

[2] 蔡依珊.民宿旅游动机与意向对再宿意愿影响之研究———以垦丁地区民宿为例 [D].高雄：高雄餐旅学院，2009.

[3] 曹洪珍，赵金煜.大连旅顺口区旅游扶贫与旅游民宿互动发展研究 [J].对外经贸，2019（09）：49-51.

[4] 曾喜鹏.民宿旅游地意象量表与旅游地品牌之构建 [J].观光休闲学报，2010，16（3）：211-233.

[5] 陈才，卢昌崇.认同：旅游体验研究的新视角 [J].旅游学刊，2011（03）：37-42.

[6] 陈铭嘉，李敬仲，蔡馨莹，等.民宿游客旅游体验之意向———以大学生为例 [J].明德学术论坛，2016，10（2）：1-24.

[7] 陈维军.文献计量法与内容分析法的比较研究 [J].情报科学，2001（08）：31-33.

[8] 陈向明.质性研究：反思与评论 [M].重庆：重庆大学出版社，2008.

[9] 陈晓琪.旅游者共享住宿体验研究 [D].广州：华南理工大学，2018.

[10] 陈星，张捷，张宏磊.观光型旅游地游客动机、交往意愿和体验质量之关系———以世界自然遗产地三清山为例 [J].地理科学进展，2017，36（11）：1391-1401.

[11] 陈玄宗，林静芳.清境地区民宿游客满意度与再宿意愿之研究 [J].旅游管理研究，2006，6（1）：21-44.

[12] 陈宇斌，翁时秀.原真性的二元结构———一种现代性视角的解读 [J].旅

游学刊，2018（01）：86-94.

[13] 陈云.民宿服务场景对顾客行为意向的影响研究 [D]. 南昌：江西农业大学，2017.

[14] 程冰，肖悦.民宿游客体验感知对桂林世界级旅游城市建设的影响——以疫情防控常态化为背景 [J]. 社会科学家，2022（5）：45-52.

[15] 程绍文，张捷，徐菲菲，等.自然旅游地社区居民旅游发展期望与旅游影响感知对其旅游态度的影响——对中国九寨沟和英国 NF 国家公园的比较研究 [J]. 地理研究，2010（12）：2179-2318.

[16] 褚丽娟，刘秀端，林经富.休闲民宿消费者之住宿动机与体验关联性研究 [J]. 管理实务与理论研究，2007，1（2）：89-109.

[17] 戴其文，代嫣红，张敏巧，余钟又兴.世界范围内民宿内涵的演变及对我国民宿发展的启示 [J]. 中国农业资源与区域化，2022（03）：75-86.

[18] 德清县人民政府办公室.德清县民宿管理办法（试行）莫干山镇 2019年经济和社会发展情况统计 [EB/OL].[2019-08-01].http://www.deqing.gov.cn/hzgov/front/s232/zfxxgk/xzzdgk/jjhshshfztjxx/200200703/i2730282.html.

[19] 德清县文化和广电旅游体育局.2020 年上半年工作总结下半年工作思路 [EB/OL].[2020-07-28]. http://www.deqing.gov.cn/hzgov/front/s203/zfxxgk/ghjh/ghxx/200200728/i2743881.html..

[20] 丁飞洋，郭庆海.游客感知视角下的民族地区民宿旅游开发研究 [J]. 社会科学战线，2019，43（3）：254-258.

[21] 丁少平，陶伦，吴晶晶.原真性视角下历史街区风貌更新的困境、根源与实践——基于南京、苏州、杭州、福州五个历史街区的比较分析 [J]. 东南文化，2021（01）：14-22.

[22] 丁雨莲，陆林，黄亮.文化休闲旅游符号的思考——以丽江大研古镇和徽州古村落为例 [J]. 旅游学刊，2006，21（7）：12-16.

[23] 樊友猛，谢彦君.“体验”的内涵与旅游体验属性新探 [J]. 旅游学刊，2017（11）：16-25.

[24] 樊友猛，谢彦君.旅游体验研究的具身范式 [J]. 旅游学刊，2009（11）：17-28.

[25] 樊友猛.旅游具身体验研究进展与展望 [J]. 旅游科学，2020（01）：

1-18.

[26] 范梦丹 . 游客住宿体验、旅游涉入和行为意象的关系研究 [D]. 福州：福建农林大学，2017.

[27] 范晓杰，宋佳慧，赵秀华，等 . 景区民宿庭院设计——以泰山风景区樱桃园景区杜家庄为例 [J]. 山东农业大学学报（自然科学版），2017，48（5）：702-707.

[28] 方世敏，刘娟 . 基于网络游记内容分析的红色旅游体验研究 [J]. 红色文化资源研究，2017（01）：145-153.

[29] 高军，马耀峰，吴必虎 . 外国游客感知视角下我国入境旅游不足之处——基于扎根理论研究范式的分析 [J]. 旅游科学，2010，24（5）：49-55.

[30] 光善军 . 民宿旅游情感体验"共睦态"研究 [D]. 上海：东华大学，2018.

[31] 郭景萍 . 社会工作——作为一种情感劳动的探讨 [J]. 广东社会科学，2007，24（4）：166-171.

[32] 郭峥 . 在民居和酒店之间：民宿设计研究 [D]. 昆明：昆明理工大学，2017.

[33] 韩成燕 . 从学术上拯救"原生态"和"本真性"概念 [J]. 广西民族大学学报（哲学社会科学版），2015（06）：86-91.

[34] 韩正彪，周鹏 . 扎根理论质性研究方法在情报学研究中的应用 [J]. 情报理论与实践，2011（5）：19-23.

[35] 何月 . 现象学背景下民宿体验式设计策略研究 [D]. 荆州：长江大学，2018.

[36] 侯玉霞，胡宏猛 . 阳朔县精品民宿空间分布特征及驱动力分析 [J]. 桂林理工大学学报，2022（01）：2695-2715.

[37] 胡传东等 . 基于网络游记内容分析的风景道骑行体验研究 [J]. 旅游学刊，2015（11）：99-110.

[38] 胡芬，余纯，李治洋 . 基于内容分析法的乡村旅游地微信营销研究 [J]. 地域研究与开发，2016（05）：100-104.

[39] 胡艳婷 . 基于体验式旅游的乡村民宿环境艺术设计研究 [D]. 武汉：华中科技大学，2017.

[40] 胡焱，王瑛 . 浙江省特色民宿业发展路径研究 [J]. 现代农业，2017（12）：

94-96.

[41] 黄先蓉，颜硕．基于游客再宿意愿开发旅游民宿的策略 [J]. 四川旅游学院学报，2018，31（10）：79-82.

[42] 蒋佳倩，李艳．国内外旅游"民宿"研究综述 [J]. 旅游科学，2014，6（4）：16-22.

[43] 蒋婷，张峰．游客间互动对再惠顾意愿的影响研究——给予游客体验的视角 [J]. 旅游学刊，2013，28（07）：90-100.

[44] 焦凌云．乡村振兴视域下民宿发展探析 [J]. 内蒙古财经大学学报，2021（04）：95-98.

[45] 焦彦，徐虹，徐明．游客对商业性家庭企业的住宿体验：从构建主义真实性到存在主义真实性——以台湾民宿住客的优质体验为例 [J]. 人文地理，2017，32（6）：129-136.

[46] 赖胜强，唐雪梅，朱敏．网络口碑对旅游者旅游目的地选择的影响研究 [J]. 电子商务与信息管理，2011（06）：68-75.

[47] 李本乾．描述传播内容特征检验传播研究假设 [J]. 当代传播，2000（01）：47-51.

[48] 李超，戴玲．基于期望理论的高校教师教学激励机制探索 [J]. 大庆师范学院学报，2018（03）：125-128.

[49] 李海燕．青年旅舍交流属性及其交往空间设计研究 [D]. 广州：华南理工大学，2014.

[50] 李君轶，纪星，李振亭．欧美旅游者在秦始皇帝陵博物院的情感体验时空变化 [J]. 人文地理，2018，33（3）：129-136.

[51] 李力，苏俊仪．共享住宿：住客关系的变化与影响 [J]. 旅游论坛，2019，12（3）：15-21.

[52] 李莉，张捷．互联网信息评价对旅游者信息行为和出游决策的影响研究 [J]. 旅游学刊，2013（10）：23-29.

[53] 李美宜．体验营销、体验价值与顾客忠诚度关系之研究——以宜兰地区民宿为例 [D]. 高雄：高雄餐旅大学，2011.

[54] 李文兵．旅游目的地游客忠诚研究进展 [J]. 旅游学刊，2008（5）：86-99.

[55] 李文勇，张广宇，谭通慧．基于品牌认知的游客本真性体验对民宿选择意向的影响研究——以甘堡藏寨为例 [J]．旅游论坛，2019，12（5）：63-72.

[56] 李文勇．基于品牌认知的旅游者本真性体验对民宿选择意向的影响研究 [J]．旅游论坛，2019（06）：18.

[57] 李先跃．体验式生态旅游初探 [J]．中国环境管理，2010（2）：35-37.

[58] 李欣．形成民宿消费者旅游动机与旅游行为特征研究 [D]．沈阳：沈阳师范大学，2017.

[59] 李瑛．旅游目的地游客满意度及影响因子分析——以西安地区国内市场为例 [J]．旅游学刊，2008（4）：43-48.

[60] 李勇等．基于内容分析法的旅游信息需求研究——以九寨沟景区为例 [J]．调研世界，2018（08）：59-65.

[61] 李云．湛西北民宿客栈游客满意度研究——以丽江古城、大理古城和香格里拉为例 [J]．重庆邮电大学学报，2012，24（4）：116-122.

[62] 李志刚．扎根理论方法在科学研究中的运用分析 [J]．东方论坛，2007（4）：90-94.

[63] 林舜涓，蔡佳慧，邱莉文．由助手体验提高顾客之行为意向——以花莲民宿为例 [J]．观光旅游研究学刊，2007，2（2）：73-92.

[64] 林志钧，戴瑞芬．台湾民宿顾客住宿动机、住宿体验与网络口碑之关系——以 Airbnb 为例 [J]．育达科大学报，2016（42）：15-49.

[65] 凌坤育．厦门民宿体验感知研究 [D]．福建：福建师范大学，2017.

[66] 凌云，刘学宸，丁婧，等．青年选择分享型住宿的本真性动机研究 [J]．中国青年研究，2018，25（3）：28-34.

[67] 刘春燕，周曼诗，曾过生，等．旅游者地方感对旅游者忠诚度的影响研究 [J]．江西师范大学学报（自然科学版）．2014，（02）：217-221.

[68] 刘静艳，王郝，陈荣庆．生态住宿体验和个人涉入度对游客环保行为意向的影响研究 [J]．旅游学刊，2009，24（08）：82-88.

[69] 龙江智，旅游体验理论：基于中国老年群体的本土化建构 [M]．北京：中国旅游出版社，2010.

[70] 龙肖毅，杨桂华．大力古城民居客栈中外游客满意度对比研究 [J]．人文地理，2008,23（5）：95-100.

[71] 卢世菊，吴海伦. 精准扶贫背景下民族地区民宿旅游发展研究 [J]. 贵州民族研究，2019，40（1）：135-138.

[72] 卢长宝，林嗣杰. 游客选择在线短租住宿的动机研究 [J]. 经济管理，2018，40（12）：153-167.

[73] 罗斌. 乡村旅游创新产品——洋家乐发展概况 [J]. 商业经济，2013（11）：72-73.

[74] 罗盛锋，黄燕玲，程道品，等. 情感因素对游客体验与满意度的影响研究——以桂林山水实景演出"印象 刘三姐"为例 [J]. 旅游学刊，2011（01）：51-58.

[75] 罗文斌，徐飞雄，黄艺农，等. 城市特征对城市游客满意度的影响 [J]. 旅游学刊，2013（11）：50-58.

[76] 罗雯婷，谢双玉，李亚娟，等. 旅游者对民宿中主客互动方式重要性的感知差异研究 [J]. 华中师范大学学报（自然科学版），2020，54（6）：1004-1014.

[77] 罗正雄. 民宿符号体验对旅游者地方感影响研究 [D]. 武汉：中南财经政法大学，2021.

[78] 马东艳. 文化原真性、地方依恋与旅游支持度的关系——基于民族旅游村寨居民视角的实证研究 [J]. 社会科学家，2020（07）：51-56.

[79] 马桂玲，马锦义. 基于游客再宿意愿的旅游民宿开发经营策略研究 [J]. 乐山师范学院学报，2016，31（10）：55-62.

[80] 马秋芳，杨新军，康俊香. 传统旅游城市入境游客满意度评价及期望—感知特征差异分析——以西安欧美游客为例 [J]. 旅游学刊，2006（2）：30-35.

[81] 马天，谢彦君. 旅游体验的社会构建：一个系统论的分析 [J]. 旅游学刊，2015（08）：96-106.

[82] 马天. 旅游体验测量方法：重要回顾与展望 [J]. 旅游科学，2019，33（3）：37-49.

[83] 毛小岗，宋金平. 旅游动机与旅游者重游意向的关系研究：基于模型 [J]. 人文地理，2011（6）：149-154.

[84] 牛瑞花. 国外民宿发展经验借鉴及国内外民宿发展对比分析 [J]. 安家，2018（08）：96-103.

[85] 潘澜. 体验记忆的影响因素 [J]. 旅游学刊，2016（01）：49-56.

[86] 彭丹. 旅游符号学的理论述评和内容 [J]. 旅游科学，2014，28（5）：79-94.

[87] 皮常凌. 民宿经营者职业价值观、情感劳动与获得感研究 [D]. 泉州：华侨大学，2019.

[88] 桑祖楠，冯淑霞，时朋飞，等. 基于 IPA 理论的旅游民宿感知：重要性、满意度和差异——以湖北省恩施州为例 [J]. 资源开发与市场，2018，34（7）：992-997.

[89] 沈涵，吴文庆. 服务企业顾客满意度与潜在购买倾向的模型研究——以四星级酒店为例 [J]. 旅游学刊，2011，26（09）：85-89.

[90] 孙凤芝，刘瑞，欧阳辰姗，等. 旅游者感知价值与行为意向关系研究——基于民宿旅游者的视角 [J]. 山东社会科学，2020，2：126-133.

[91] 孙佼佼. 浙江民宿的乡村性营造策略与方法 [D]. 杭州：浙江大学，2017.

[92] 孙小龙，林璧属. 基于网络文本分析的旅游商业化符号表征研究 [J]. 旅游学刊，2017（12）：28-36.

[93] 唐文跃. 地方性与旅游开发的相互影响及其意义 [J]. 旅游学刊，2013（04）：9-10.

[94] TUSSYADIAH I P, PESONEN J. Impacts of Peer-to-peer Accommodation Use on Travel Patterns[J]. Journal of Travel Research, 2015, 55（8）:1022-1040.

[95] Afiffin, A.A.M.Generic dimensionality of hospitality in the hotel industry: A host-guest relationship perspective[J]. International Journal of Hospitality Management, 2013, 35:171-179.

[96] Agapito D, Valle P, Mendes J. The Sensory Dimension of Tourist Experience:Capturing Meaningful Sensory-informed Themes in Southwest Portugal[J]. Tourist Management, 2014, 42:224-237.

[97] Alnawas, I., & Hemsley-Brown, J. Examining the key dimensions of customer experience quality in the hotel industry[J]. Journal of Hospitality Marketing & Management, 2019, 28（7）:833-861.

[98] Assaker G, Vinzi V E. Examining the effect of novelty seeking, satisfaction and destination image on tourists' return pattern: a two factor non-linear latent growth

model[J]. Tourism Management,2011,32（4）:890–901.

[99] Assaker, G., Vinzi, V. E., & O'Connor, P. Examining the effect of novelty seeking, satisfaction, and destination image on tourists' return pattern: A two factor, non-linear latent growth model[J]. Tourism Management,2021,32（4）:890–901.

[100] Åstrøm, J. K. Why Theming? Identifying the Purposes of Theming in Tourism[J]. Jouranal of Quality Assurance in Hospitality & anp, 2020,21（3）:245–266.

[101] Basala, S. L., Klenosky, D. B. Travel–Style Preferences for Visiting a Novel Destination: A Conjoint Investigation across the Novelty–Familiarity Continuum[J]. Journal of Travel Research,2001,40（2）:172–182.

[102] Bigne J E, Sancez I, Andreu I, et al. The role of variety seeking in short and long run revisit intentions in holiday destinations[J]. International Journal of Culture, Tourism and Hospitality Research,2009,3（2）:103–115.

[103] Bigne J.Enrique,Andreu Luisa,Gnoth Jnergen.The theme park experience:An analysis of pleasure,arousal and satisfaction[J].Tourism Management,2004,26（6）.

[104] Blumer H, Symbolic Interactionism:Perspective and Method[M]. Berkeley:University of California Press, 1986:69–73.

[105] Boorstin D. Anrecedents of Consumer Satisfaction and Dis–satisfaction（CS/D）on Long–haul Inclusive Tours–a Reality Check on Theoretical Considerations[J]. Tourism Management, 2001, 22（1）:49–61.

[106] Boorstin, DJ. The Image:A Guide to Pseudo–Eventsin Ameriea[M]. New York:Harper, 1964.

[107] Boulding,W A.Karla & R.Stalin.Anemic profess model of service quality:From expectation to behaviroral intentions[J].Journal of Marketing Research,1993（30）:7–27.

[108] Bowden, J, Mirzaei, A. Consumer engagement within retail communication channels: An examination of online brand communities and digital content marketing initiatives[J]. European Journal of Marketing, 2021,55（5）:1411–1439.

[109] Brakus, J, Schmitt, B. H, & Zarantonello, L. Brand Experience: What is It? How is it Measured? Does it Affect Loyalty[J]. Journal of Marketing, 2009,73（3）: 52 – 68.

[110] Bruner E M. Abraham Lincoln as Authentic Reproduction: A critique of

Postmodernism[J]. American Anthropologist, 1994, 96（2）: 397–415.

[111] Butler R W.The concept of a tourist area cycle of evolution:Impications for management of resources[J]. Canadian Geographer, 1980,24（1）:5–12.

[112] Cevat Tosun,Bekir Bora Dedeoglu,Alan Fyall. Destination service quality,affective image and revisit intention:The moderating role of past experience[J]. Journal of Destination Marketing & Management,2015,4（4）.

[113] Chen C F,Chen F S. Expenrience Quality,Perceived Value,Satisfaction and Behavioral Intentions for Heritage Tourists[J]. Tourism Management, 2010,31（1）:29–35.

[114] Chen, A., Peng, N. Examining Chinese consumers' luxury hotel staying behavior[J]. International Journal of Hospitality Management, 2014,39:53 – 56.

[115] Choi, H., Kandampully, J. The effect of atmosphere on customer engagement in upscale hotels: An application of S–O–R paradigm[J]. International Journal of Hospitality Management, 2019,77:40 – 50.

[116] Churchill G A,Surprenant C A. An Investigation into the Determinants of Customer Satisfaction[J]. Journal of Marketing Research, 1982,19（4）:491–504.

[117] Cohen E. A Phenomenology of Tourist Experiences[J]. Sociology, 1979,13（2）: 179–201.Cohen E. Rethinking the sociology of tourism[J]. Annals of Tourism Research, 1979,6（1）:18–35.

[118] Colvin J. Ecotaurism and Resource Conservation[M]. New York: Association of Wetland Managers,1991.

[119] Cullcr J. Scmiotics of Tourism[J].The American Journal of Semiotics, 1981(2): 127–140.

[120] Dann M S. Anomie, Ego–Enhancement and Tourism[J]. Annals of Tourism Research, 1977,4940;184–194.

[121] De Rojas C, Camarero C, Visitors'experience,Mood and Satisfaction in a Heritage Context:Evidence from an Interpretation center[J]. Tourism Management, 2008,29（3）:525–537.

[122] Dedeoglu.B.B, Bolgihan.A, Ye.B.H, Buonincontri.P, Okumus.F. The impact of sevicescape on hedonic value and behacioral intentions: The importance of previous

experience[J]. International Journal of Hospitality Management, 2019,72:10–20.

[123] Ebster, C., Guist, I. The Role of Authenticity in Ethnic Theme Restaurants[J]. Journal of Foodservice Business Reseaech, 2005,7（2）:41–52.

[124] Echtner C. The Semiotic Paradigm: Implications for Tourism Research[J]. Tourism Management, 1999（5）:7–13.

[125] Ek, R., Larsen, J., Hornskov, S. B., & Mansfeldt, O. K. A Dynamic Framework of Tourist Experiences: Space - Time and Performances in the Experience Economy[J]. Scandinavian Journal of Hospitality and Tourism, 2008,8（2）:122 – 140.

[126] Ethtner C M,Ryan C,Faulkner B. The Semiotic Paradigm:Implications for Tourism Research[J]. Tourism Management, 1999,20（1）:45–57.

[127] Fang R, Jang S C, Morrison A M. Temporal destination loyalty: A structural initiation[C]. Advances in Hospitality and Tourism Research, volume 9 Proceedings of the Graduatc Education and Graduate Student Research Conference in Hospitality and Tourism, 2004:152–153.

[128] Foroudi, P, Jin, Gupta, S, Melewar, T. C, & Foroudi, M. M. Influence of innovation capability and customer experience on reputation and loyalty[J]. Journal of Business Research, 2016,69（11）:4882 – 4889.

[129] Francken D A. Post Purchase Consumer Evaluation,Complaint Actions and Repurchase Behavior[J]. Journal of Economic Psychology, 1993（4）:273–290.

[130] Fyall A, Callod C. Relationship marketing: The Challenge for Destinations[J]. Annals of Tourism Research, 2003,30（3）:644–659.

[131] Grayson K. Telling the Difference: Consumer Evaluations of Authentic and Inauthentic Market Offerings[J]. Advances inConsumer Research, 2002（29）.

[132] Harkison, T, Hemmington, N, & Hyde, K. F. （2018）. Creating the luxury accommodation experience: Case studies from New Zealand[J]. International Journal of Contemporary Hospitality Management, 2018,30（3）:1724 – 1740.

[133] Homburg C, Furst A. How organizational complaint handling drives customer loyalty: An analysis of the mechanistic and the organic approach[J]. Journal of Markerting, 2005,169（03）:95–114.

[134] Homburg Christian,Furst Andreas. How Organizational Complaint Handling

Drives Customer Loyalty: An Analysis of the Mechanistic and the Organic Approach[J]. Journal of Marketing,2005,69（3）.

[135] Hopkins J. Signs of the post-rural:Marketing myths of a symbolic countryside[J]. Human Geography, 1998,80（2）:65-81.

[136] Horng, J.-S., Hsu, H. A holistic aesthetic experience model: Creating a harmonious dining environment to increase customers' perceived pleasure[J]. Journal of Hospitality and Tourism Management, 2020,45:520 - 534.

[137] Hosany S,Gilbert D. Measuring Tourists' emotional Experiences Toward Hedonic[17]Holiday Destinations[J].Journal of Travel Research,2010,49（4）:513-526.

[138] Huang, D., Chen, Q., Huang, J., Kong, S., & Li, Z. Customer-robot interactions: Understanding customer experience with service robots[J]. International Journal of Hospitality Management, 2021,99: 103-108.

[139] HULTMAN J,CEDERHOFM E A. Bed & Breakfast and Friendship:Intimacy and Distance in Small-Scale Hospitality Businesses[J].Culture Unbound:Journal of Current Cultural Research, 2010（2）:365-380.

[140] Hung-Che Wu,Meng-Yu Li,Tao Li. A Study of Experiential Quality,Experiential Value,Experiential Satisfation,Theme Park Image,and Revisit Intention[J].Journal of Hospitality & Tourism Research,2018,42（1）.

[141] Inman J, Dyer J. A Generalized Utility Model of Disappointment and Regret effects on Post-choice Valuation[J]. Marketing Science, 1997（2）:97-111.

[142] Jang, S.（Shawn）, & Namkung, Y. Perceived quality, emotions, and behavioral intentions: Application of an extended Mehrabian - Russell model to restaurants[J]. Journal of Business Research, 2009,62（4）:451 - 460.

[143] Jani, D., Han, H. Influence of environmental stimuli on hotel customer emotional loyalty response: Testing the moderating effect of the big five personality factors[J]. International Journal of Hospitality Management, 2015,44:48 - 57.

[144] Jeong Soon-Ok, Park Suk-Hee. Across-cultural application of the novelty scale[J]. Annals of Tourism Research, 1997,24（1）:238-240.

[145] Jiang, Y., Ramkissoon, H., Mavondo, F. T., & Feng, S. Authenticity: The Link Between Destination Image and Place Attachment[J]. Journal of Hospitality Marketing &

Management, 2017,26（2）:105 - 124.

[146] JSong, H.-J., Ahn, Y., Lee, C.-K. Structural Relationships among Strategic Experiential Modules, Emotion and Satisfaction at the Expo 2012 Yeosu Korea[J]. International Journal of Tourism Research, 2015, 17（3）:239 - 248.

[147] Keaveney, S. M. Customer Switching Behavior in Service Industries: An Exploratory Study[J]. Journal of Marketing, 1995,59（2）:71 - 82.

[148] Kim, D., Perdue, R. R. The effects of cognitive, affective, and sensory attributes on hotel choice[J]. International Journal of Hospitality Management,2013（35）: 246 - 257.

[149] Knutson B J,Beck J A. Identifying the dimensions of the experience construct:Development of the model[J].Journal of Quality Assurance in Hospitality & Tourism,2004,4（3-4）:23-35.

[150] Kotler P..Marketing management analysis, planning, implementation, and control （9th Edition）[M]. New Jersey:Prentice Hall,1997.

[151] Larsen S. Aspects of a Psychology of the Tourist Experience[J]. Scandinavian Journal of Hospitality and Tourism, 2007,7（1）:7-18.

[152] Lee S,Jeon S. The Impact of Tour Quality and Tourist Satisfaction on Tourist Loyalty:The case of Chinese Tourists in Korea[J]. Tourism Management, 2011,32（5）: 1115-1124.

[153] Lee Tac-Hee, Crompton J..Measuring novelty seeking[J]. Annals of Tourism Research, 1992,19（4）:732-751.

[154] Lee, M., Lee, S. （Ally）, & Koh, Y. Multisensory experience for enhancing hotel guest experience[J].International Journal of Contemporary Hospitality Management,2019,31（11）:4313-4337.

[155] Li J., Cui Y., Wu K., et al. The cortical suirface area of the insula mediates the effect of DBH rs7040170 on nocelty seeking[M]. NeuroImage, 2015.

[156] Lin, I. Y. Effects of visual servicescape aesthetics comprehension and appreciation on consumer experience[J]. Journal of Services Marketing, 2016,30（7）: 69-712.

[157] Liu, H., Chu, H., Huang, Q., Chen, X. Enhancing the flow experience of

consumers in China through interpersonal interaction in social commerce[J]. Computers in Human Behavior, 2016, 58:306–314.

[158] Mac Cannel D. Staged Authenticity:Arrangements of Social Space in Tourist Settings[J]. American Journal of Sociology, 1973,79（3）:589–603.

[159] MacCannell D. Staged authenticity: Arrangements of social space in tourist settings[J]. American Journal of Sociology, 1973, 79（3）: 589–603.

[160] MacCannell, Dean. The Tourist: A New Theory of the Leisure Class[M]. New York: Schocken, 1976:17–138.

[161] Mitas, O, Bastiaansen, M.Novelty: A mechanism of tourists' enjoyment[J]. Annals of Tourism Research, 2018, 72:98–108.

[162] Murphy I. Exploring social interactions of backpackers[J].Annals of Tourism Research,2001,28（1）:50–67.

[163] Nufroho, I.,Hanafie, R.,Rahayu.Y.I.,Sudiyono, Suprihana, Yuniar.H.R.,Azizah. R.,Hasanah.R. Sustainable Hospitality and Revisit Intention in Tourism Services[J]. Journal of Physics Conferene Series, 2021（1）:877–894.

[164] Odenburg, Ray. The great good place: Cafes, coffee shops, bookshore, bars,hair salons,and other hangouts at the heart of a community（Third Edition）[M]. Cambridge: Da Capo PRESS, 1999:40.

[165] Oh, H, Fiore, A. M, Jeoung M. Measuring Experience Economy Concepts: Tourism Applications[J]. Journal of Travel Research, 2007, 46（2）:119–132.

[166] Oliver R L. A Cognitive Model of the Antecedents and Consequences of Satisfaction Decisions[J]. Journal of Marketing Research, 1980,17（4）:460–469.

[167] Oppermann M. Predicting Destination Choice–A Discussion of Destination Loyalty[J]. Journal of Vacation Marketing, 1999,5（1）:51–65.

[168] Otto J E, Ritchie J B. The Service Experience in Tourism[J]. Touris, Management,1996,17（3）:165–174.

[169] Pang, J. M. Adopting "East Asian" cultures and themes in hotel branding: A study of the M. Putonghua[J]. Asia Pacific Journal of Tourism Research, 2020,25（10）: 1085–1097.

[170] Parasuraman A, Zerithaml V A, Berry L L. SERVQUAL: A Multiple–item

Scale for Measuring Consumer Perceptions of Service Quality[J]. Journal of Retailing, 1988, 64（1）:12-40.

[171] Peng, N Chen, A. Examining consumers luxury hotel stay repurchase intentions-incorporating a luxury hotel brand attachment variable into a luxury consumption value model[J]. International Journal of Contemporary Hospitality Management, 2019, 31（3）:1348-1366.

[172] Person P H. Relationships between global and specified measures of novelty seeking[J]. Journal of Consulting & Clinical Psychology, 1970,34（3）:199-204.

[173] Prentice R C, Witt S F,Hamer C. Tourism as Experience: The Case of Heritage Parks[J]. Annals of Tourism Research, 1998, 25（1）:1-24.

[174] Quan, S., Wang,N. Towards a structural model of the tourist experience: An illustration from food experiences in tourism[J]. Tourism Management, 2004, 25（3）: 297-305.

[175] Rittichainuwat B, Rattanaphinanchai S..Applying a mixed method of quantitative and qualitative desifn in explaing the travel motivation of film tourists in visiting a film-shooting destination[J]. Tourism Management, 2015（46）:136-147.

[176] Roger D. Blackwell, W. Miniard, James F. Engel Consumer Behavior[M]. Mason: Thomson/South-western, 2006.

[177] Ryan, Chris. The Chase of a Dream, the End of Play. In the Tourist Experience:A New Introduction[M]. London: Cassell, 1997.

[178] Sherman, E., Mathur, A., Smith, R. B. Store environment and consumer purchase behavior: Mediating role of consumer emotions[J]. Psychology and Marketing, 1997, 14（4）:361-378.

[179] Shoemaker, S., Lewis, R. C. Customer loyalty: The future of hospitality marketing[J]. International Journal of Hospitality Management, 1999, 18（4）:345 - 370.

[180] So, K. K. F., Kim, H., Oh, H. What Makes Airbnb Experiences Enjoyable? The Effects of Environmental Stimuli on Perceived Enjoyment and Repurchase Intention[J]. Journal of Travel Research, 2021, 60（5）:1018-1038.

[181] Song, H.-J, Ahn, Y., Lee, C.-K. Structural Relationships among Strategic Experiential Modules, Emotion and Satisfaction at the Expo 2012 Yeosu Korea[J].

International Journal of Tourism Research, 2019, 17（3）:239-248.

[182] Spake, D. F., Beatty, S. E., Brockman, B. K., & Crutchfield, T. N. Consumer Comfort in Service Relationships[J]. Journal of Service Research, 2003, 5（4）: 316 - 332.

[183] Stepchenkova S, Kirilenko A.P, Morrison A.M. Facilitating Content Analysis in Tourism Research[J]. Journal of Travel Research, 2009, 47（4）:454-469.

[184] Sweeney JC, Soutar GN. Consumer Perceived Value: The development of a multiple item scale[J]. Journal of Retailing, 2001, 77（2）:203-220.

[185] Tombs, A., McColl-Kennedy, J. R. Social-Servicescape Conceptual Model[J]. Marketing Theory, 2013,3（4）:447-475.

[186] Toyama, M., Yamada, Y. The Relationships among Tourist Novelty, Familiarity, Satisfaction, and Destination Loyalty: Beyond the Novelty-familiarity Continuum[J]. International Journal of Marketing Studies, 2016, 4（6）:10.

[187] Toyama, M., Yamada, Y. The Relationships among Tourist Novelty, Familiarity, Satisfaction, and Destination Loyalty: Beyond the Novelty-familiarity Continuum[J]. International Journal of Marketing Studies, 2012, 4（6）:10.

[188] Trianasari, N, Butcher, K., Sparks, B. Understanding Guest Tolerance and the Role of Cultural Familiarity in Hotel Service Failures[J]. Journal of Hospitality Marketing & Management, 2018, 27（1）:21 - 40.

[189] Tsaur, S.-H., Chiu, Y.-T., Wang, C.-H. The Visitors Behavioral Consequences of Experiential Marketing[J]. Journal of Travel & Tourism Marketing, 2007,5（1）:47 - 64.

[190] Tsaur, S.-H.,Luoh,H.-F., Syue, S.-S. Positive emotions and behavioral intentions of customers in full-service restaurants: Does aesthetic labor matter[J]. International Journal of Hospitality Management, 2015, 51:115 - 126.

[191] Tsiros M, Mittal V. Regret:A Model of Its Antecedents and Consequences in Consumer Decision Making[J]. Journal of Consumer Research, 2000（4）:401-417.

[192] TUAN YiFu: Space and Place: The Perspective of Experience（8th Edition）[M]. Minneapolis, MN: Minnesota University Press, 2001:8.

[193] Urry J. The Tourist Gaze: Leisure and Travel in Contemporary Society [C].

Cities of Memory.Cities of Mourning: The Great Wall in European Cultural History.1990.

[194] Visone, J. D. Empowerment through a teacher leadership academy[J]. Journal of Reasearch in Innovative Teaching & Learning, 2018, 11（2）:192–206.

[195] Wassler, P, Li, X.（Robert）, Hung, K. Hotel Theming in China: A Qualitative Study of Practitioners Views[J].Tourism Marketing, 2015,32（6）:712–729

[196] Wu H V, Li T. A Study of Experiential Quality,Perceived Value,Heritage Image,Experiential Satisfaction and Behavioral Intentions for Heritage tourists[J]. Journal of Hospitality & Tourism Research, 2014（05）:84–97.

[197] Zatori, A., Smith, M. K., Puczko, L. Experience–involvement, memorability and authenticity: The service provider's effect on tourist experience[J].Tourism Management,2018,67:111–126.

[198] Zeithaml Valarie A., Berry I., Parasuraman A. The Behavioral Consequences of Service Quality[J]. Journal of Marketing, 1996, 60（2）.

[199] Zhang Yahua, Peng Yiqian. Understanding travel motivations of Chinese tourists visiting Cairms, Australia[J].2014,21:44–53.

[200] Zhang, Y., Xiong, Y., Lee, T. J. A culture–oriented model of consumers' hedonic experiences in luxury hotels[J]. Journal of Hospitality and Tourism Management, 2020, 45:399–409.

[201] MODY M A, SUESS C, LEHTO X. The accommodation experiencescape: a comparative assessment of hotels and Airbnb[J]. International Journal of Contemporary Hospitality Management, 2017,29（9）:2377–2404.

[202] LOPEZ I. How long does the pilgrimage tourism experience to santiago de Compostela last[J]. International Journal of Religious Tourism and Pilgrimage, 2013, 1（1）:1–14.

[203] STORS N, KAGERMEIER A. Motives for Using Airbnb in Metropolitan Tourism—Why do People Sleep in the Bed of a Stranger[J].Regions Magazine,2015,299（3）:17–19.

[204] YE S, XIAO H,ZHOU I. Small accommodation business growth in rural areas:Effects on guest experience and financial performance[J].International Journal of Hospitality Management,2019,76（1）:29–38.

[205] SIGALA M. Market formation in the sharing economy:Findings and implications from the sub-economies of Airbnb[M].Netherlands:Springer,2018:159-174.

[206] WANG Y. Customized authenticity begins at home[J].Annals of Tourism Research,2007,34（3）:789-804.

[207] PAULAUSKAITED,POWELLR,COCA-STEFANIAK J A, et al. Living like a local Authentic tourism experience and the sharing economy[J]. International Journal of Tourism Research,2017,19（6）:1-10.

[208] LIANG I J,CHOI H C,JOPPE M. Understanding repurchase intention of Airbnb consumer:perceived authenticity,electronic word-of-mouth,and price sensitivity[J]. Journal of Travel & Tourism Marketing,2018,35（1）:73-89.

[209] LYU J,LI M,LAW R. Experiencing P2P accommodations:Anedotes from Chinese customers[J].International Journal of Hospitality Management,2019,77（1）: 323-332.